Mario Braun

Männer in Kitas?

Perspektiven für Berufswahl und Verbleib von Jungen und Männern in einem weiblich dominierten Berufsfeld

GW00760573

Mario Braun

Männer in Kitas?

Perspektiven für Berufswahl und Verbleib von Jungen und Männern in einem weiblich dominierten Berufsfeld

GRIN Verlag

Bibliografische Information der Deutschen Nationalbibliothek: Die Deutsche Bibliothek
verzeichnet diese Publikation in der Deutschen Nationalbibliografie; detaillierte bibliografische Daten sind im Internet über http://dnb.d-nb.de/ abrufbar.

1. Auflage 2011
Copyright © 2011 GRIN Verlag
http://www.grin.com/
Druck und Bindung: Books on Demand GmbH, Norderstedt Germany
ISBN 978-3-656-04450-5

Hochschule Fulda

Fachbereich Sozialwesen

Männer in Kindertagesstätten?
Perspektiven für Berufswahl und Verbleib von Jungen und
Männern in einem weiblich dominierten Berufsfeld.

Bachelorarbeit

Vorgelegt von

Mario Braun

Fulda, im Juli 2011

Männer in Kindertagesstätten? Perspektiven für Berufswahl und Verbleib von Jungen und Männern in einem weiblich dominierten Berufsfeld.

Inhalt:

1. Einleitung

„Kita sucht Mann" – unter diesem Titel bemüht sich eines von 16 Modellprojekten, die im Rahmen des Bundesprogramms ‚MEHR Männer in Kitas' gefördert werden, darum, den Anteil männlicher Mitarbeiter im pädagogischen Fachpersonal von Kindertagesstätten nachhaltig zu erhöhen (vgl. Koordinationsstelle „Männer in Kitas" 2011(a), o.S.). Die Aussage „Kita sucht Mann" steht dabei stellvertretend für eine Entwicklung, die die Türen der Kindertagesstätten für Männer weit geöffnet sieht.

Über die Notwendigkeit von mehr männlicher Präsenz in Kitas herrscht in der Elternschaft, bei Erzieherinnen, den Trägerverantwortlichen und nicht zuletzt in der Politik weitgehend Einigkeit (Cremers et al. 2010, S. 46f.). Auch wenn das an anderer Stelle zu beschreibende Phänomen eines „Generalverdachts" gegenüber männlichen Erziehern hier einschränkend wirkt, ist doch festzustellen, dass Männer zu kaum einem anderen Zeitpunkt so wohlwollende Aufmerksamkeit in der möglichen beruflichen Orientierung auf den Erzieherberuf gefunden haben.

Trotz dieser positiven Gesamtstimmung gegenüber Männern im Erzieherberuf steigt der Anteil junger Männer, die sich in dieses Berufsfeld orientieren und eine Erzieherausbildung oder ein entsprechendes grundständiges Studium aufnehmen, scheinbar nicht signifikant (vgl. Rohrmann 2001, S.3). Dabei erscheint der Erzieherberuf gerade vor dem Hintergrund der aktuellen Entwicklungen im Bereich frühkindlicher Bildung und Betreuung weitgehend krisensicher. So wird beispielsweise durch die AWO Thüringen (2011) darauf verwiesen, dass selbst in Zeiten der jüngsten Konjunkturkrise keine einzige Personalstelle in der Sozialwirtschaft krisenbedingt gestrichen werden musste (vgl. AWO 2011, o.S.). Und dennoch finden nur verhältnismäßig wenige Jungen und Männer in dieses unter den genannten Gesichtspunkten scheinbar attraktive Berufsfeld.

In der hier vorliegenden Ausarbeitung soll versucht werden, solche Aspekte zu betrachten, die eine Einbeziehung des Erzieherberufs in das Berufswahlspektrum von Jungen und Männern begünstigen können. Ausgegangen wird dabei von der Annahme, dass der Prozess der beruflichen Orientierung im Grunde bereits mit dem Prozess des „Zurechtfindens" in der Welt (Entwicklung eines Selbstkonzepts) überhaupt beginnt, dass also die grundsätzliche Entwicklung von Werten und Interessen Teil einer Entwicklung ist, die schließlich in der Aufnahme einer Berufsausbildung oder eines Studiums mündet (vgl. Gottfredson 2006 zit. nach Grotlüschen 2010, S. 136). Berufswahl ist damit jedoch im hier zugrunde gelegten Verständnis keinesfalls abgeschlossen. Vielmehr ist die ständig notwendige Verortung in der Arbeitswelt als Fortführung des früh begonnenen Berufswahlprozesses zu verstehen (vgl. Driesel-Lange / Hany 2006, S. 3). Die Frage ist also, wie Jungen und Männer in diesem umfassend gedachten Prozess so begleitet und gefördert werden können, dass sich das Berufsfeld Kindertagesstätte für sie im Falle der individuellen Eignung nicht von vornherein ausschließt.

Mit Blick auf die wahrgenommene Attraktivität des Erzieherberufs für Jungen und Männer kann das Thema „Generalverdacht" nicht gänzlich unerwähnt bleiben, wenngleich seine abschließende Behandlung im Rahmen dieser Ausarbeitung nicht möglich ist. Der Frage, wie denn zu verhindern sei, dass Männer mit pädophilen Neigungen den Weg in den Erzieherberuf finden, begegnet man regelmäßig in der Diskussion um die Notwendigkeit von mehr männlicher Präsenz in Kindertagesstätten (vgl. Cremers et al. 2010, S. 62f.).

Schließlich ist zu schauen, unter welchen Bedingungen Männer im gewählten Berufsfeld Kita berufliche Zufriedenheit entwickeln und sich darüber auch langfristig hier etablieren. Dies geschieht vor dem Hintergrund der offensichtlich hohen Fluktuation von Männern insbesondere im Gruppendienst der Kindertagesstätten (vgl. a.a.O., S. 39). Einkommens- und Karrieremöglichkeiten spielen in dieser Betrachtung eine Rolle. Aber auch Fragen der darüber hinaus reichenden Beschäftigungsbedingungen.

In der Frage der grundsätzlichen Notwendigkeit höherer männlicher Präsenz in den Kindertagesstätten sind Pro und Contra vielfältig begründbar. Naheliegend scheint etwa die Annahme, dass der in der Familie häufig fehlende Vater bzw. dessen häufige Abwesenheit durch einen männlichen Erzieher kompensiert werden müsste.

Ebenso naheliegend scheint, dass Männer in Kitas neue Beschäftigungsbereiche erschließen, also beispielsweise Bauspiele wieder an Bedeutung gewinnen, Sport intensiver betrieben wird (vgl. Rohrmann 2001, S. 2). Als Gegenposition wird ins Feld geführt, dass Männer hier in eine der letzten „Frauendomänen" eindringen würden (vgl. a.a.O., S. 4). Zudem bliebe zu fragen, ob Männer unter den Bedingungen heutiger rollenstereotyper Prägung tatsächlich die notwendigen Kompetenzen zur professionellen Ausübung des anspruchsvollen Erzieherberufs entwickeln können.

An dieser Stelle sei eine vereinfachte – aus Sicht des Autors jedoch durchaus belastbare - Begründung für die Notwendigkeit von Männern im pädagogischen Fachpersonal von Kindertagesstätten eingeführt. Im Sinne der Entwicklung von Geschlechtergerechtigkeit darf es grundsätzlich keine Berufe geben, die den Vertretern/innen eines bestimmten Geschlechts vorbehalten oder verschlossen sind. Dies ergibt sich aus der Erkenntnis, dass Geschlecht an sich überwiegend durch Erziehung und Prägung konstruiert wird, dass die individuellen Verschiedenheiten zwischen den Angehörigen eines Geschlechts größer sind, als die eindeutig auf das Geschlecht zurückzuführenden Verschiedenheiten zwischen Mann und Frau (vgl. Horstkemper / Zimmermann 1998, S. 132f.). In diesem Sinne ist die Herstellung von Rahmenbedingungen, die mehr Männern den Weg in die Kita ebnen, ein Beitrag zur Herstellung von Geschlechtergerechtigkeit und damit letztlich zur Herstellung von Normalität (vgl. Cremers et al. 2010, S. 11). Die höhere männliche Präsenz in Kindertagesstätten wird dazu beitragen, männliche Erziehungsleistung allgemein anzuerkennen.

2. Zur Situation: männliche Fachkräfte in Kindertagesstätten

Ausgehend von der Annahme, dass das Berufsfeld Kindertagesstätte ein auch für Männer grundsätzlich interessantes sein kann, sie hier jedoch noch eine deutliche Minderheit (vgl. Cremers et al. 2010, S. 15) darstellen, ist zu betrachten, wie sich die Situation der im Berufsfeld tätigen Männer darstellt. Wie finden Männer den Weg in den Erzieherberuf? Treffen sie dort auf Akzeptanz oder eher auf Widerstände? Dazu sollen beispielhaft männliche Zugänge zum Erzieherberuf und die Resonanz von Kitateams und Eltern auf männliche Erzieher aufgezeigt werden.

2.1. Männliche Zugänge zum Erzieherberuf

In seiner Betrachtung zu Männern im Erzieherberuf untersucht Tünte (2007) unter anderem die Motivation von Erzieherinnen und Erziehern, ihren Beruf zu ergreifen. Beispielhaft legt er dar, dass es für Männer zum Teil andere Motivationen gibt, den Erzieherberuf zu ergreifen bzw. sich in ihm zu orientieren als für Frauen (Tünte 2007, S. 72). In der untersuchten Gruppe männlicher Erzieher fanden fast alle Probanden den Weg in die Kita eher über Umwege, aus einer gänzlich anderen beruflichen Tätigkeit heraus oder vor dem Hintergrund einer ursprünglichen Orientierung in den Heimerziehungsbereich (vgl. ebd.). Mehrheitlich fanden die Befragten erst aus dem praktischen Erleben heraus ernsthaftes Interesse an einer Tätigkeit mit jüngeren Kindern. Bemerkenswert scheint die Feststellung, dass im Gegensatz zu den Probandinnen einige der männlichen Erzieher einer „gezielte Aufstiegsorientierung" im Beruf folgten (vgl. a.a.O., S. 73).

Männern stehen die Türen der Kindertagesstätten weit offen. Dies spiegelt auch auf die wahrgenommenen Chancen beruflichen Weiterkommens. Dass sich zahlreiche Kitaleitungen und Träger mehr männliche Erzieher in den Kindertagesstätten wünschen, führt u.a. auch dazu, dass Männer zumindest bei gleicher Eignung nicht selten bei Einstellungen den Vorzug vor ihren Berufskolleginnen erhalten (vgl. Tünte 2007, S. 73f. & Cremers et al. 2010, S. 76). Ausgestattet mit dem sowieso „typisch männlichen" Hang zur Grandiosität (vgl. Guggenbühl 2006, S.175) erhöht diese Erfahrung der gefühlten oder realen Bevorzugung die Selbstwirksamkeit (vgl. Vanotti 2005, S. 37) der Erzieher und verstärkt nicht selten die Orientierung auf das Erreichen weiterer Aufstiegsstufen im Beruf. So wird das Berufsfeld Kindertagesstätte und wird der Erzieherberuf für Männer zur Möglichkeit der Selbstverwirklichung unter Einräumung der Möglichkeit des beruflichen Aufstiegs. Vor dem Hintergrund der weitgehenden Krisenfestigkeit des Berufsfelds (vgl. Deloitte & Touche GmbH 2010, o.S.) entwickelt sich damit der Erzieherberuf mit einigen Einschränkungen zum auch unter der Prioritätensetzung von Männern interessanten Betätigungsfeld.

Als Einschränkung sind an dieser Stelle die Einkommensaussichten und das weiter unten ausgeführte Thema „Generalverdacht" zu nennen. Darüber hinaus jedoch finden Männer im Erzieherberuf viele Aspekte, die sie traditionell der eigenen Berufswahl als Orientierungsgröße anheimstellen. In der Studie „Männliche Fachkräfte in Kindertagesstätten" beschreiben die Autoren, dass viele männliche Erzieher den Beruf „offensichtlich von den Eltern in die Wiege gelegt" bekämen (Cremes et al. 2010, S. 39). So seien oft Vater oder Mutter in der Sozialen Arbeit tätig (vgl. ebd.). Allerdings lässt sich hieraus nicht der Zugangsweg zum Erzieherberuf ableiten. Diese

Zugänge zum Erzieherberuf beschreiben Cremers et al. in den vier Kategorien die „Unüberlegten", die „Überzeugten", die „Berufsnahen Quereinsteiger/innen" und die „berufsfernen Quereinsteiger/innen" (vgl. a.a.O., S. 38). Dabei sehen sie neben der Gruppe der „Überzeugten" insbesondere die Gruppe der „berufsfernen Quereinsteiger/innen" als relevant für den Beruf. Die Wege dieser Gruppe führen über viele andere, nicht unbedingt sozialarbeiterische Berufsbiografien in den Erzieherberuf (vgl. ebd.).

Ist davon auszugehen, dass Männer eigene Zugänge zum Erzieherberuf finden und eine in Teilen andere Motivation zur Berufsausübung als ihre Kolleginnen haben, so muss hierauf in der Realisierung des Kita-Alltags eingegangen werden. Erwartungen an männliche Erzieher spiegeln nicht selten diese tatsächlichen Zugänge und Qualitäten ab. Männern die Ausübung dieser Rolle – im Verständnis der Entwicklung besonderer Qualitäten in der Arbeit und der Beziehungsgestaltung zu Jungen und Mädchen – dauerhaft zu ermöglichen, erfordert beispielsweise besondere (ergänzende) Fortbildungsangebote (vgl. Rohrmann 2001, S. 3).

2.2. Erwünschtheit von Männern im Erzieherberuf

Die Nennung von Gründen für die Beschäftigung von Männern im pädagogischen Fachpersonal von Kindertagesstätten ist umfangreich zu betreiben. Rohrmann (2001) fasst die Gründe folgendermaßen zusammen: „Männer bringen frischen Wind ins Team und haben Interessen und Sichtweisen, die in Kindertagesstätten oft zu wenig berücksichtigt werden. Manche jungen- und männertypische Interessen und Bedürfnisse kommen im normalen Kita-Alltag zu kurz, weil viele Frauen nur wenig darauf eingehen. Raufen und Toben, sich für Handwerkliches und Technik begeistern, Klettern und körperliche Grenzen austesten: Das alles können Frauen zwar prinzipiell auch, aber oft haben sie dazu einfach keine Lust." (Rohrmann 2001, S. 1). Männer

bringen zudem eine weitere Beziehungsqualität in den Kita-Alltag. So können sie

offensichtlich mit Konflikten, Aggressionen und Macht nicht nur anders umgehen,

sondern werden in diesem Umgang von den Kindern auch besonders akzeptiert (vgl.

a.a.O., S. 2). Auf die Vorbild- und Orientierungsfunktion männlicher Kita-

Mitarbeiter (vgl. a.a.O., S. 1.) wird an späterer Stelle noch eingegangen.

2.2.1. Sicht der Träger und Kitaleitungen

Sowohl Kitaleitungen als auch Trägerverantwortliche beschäftigen sich mit dem

Thema „Männer in Kitas" und suchen nach Möglichkeiten, mehr Männer für eine

Tätigkeit in den Einrichtungen zu gewinnen (vgl. Cremers et al. 2010, S. 74f.). Dabei

greifen sie auf ein Set an Maßnahmen und Strategien zurück, tun dies offensichtlich

bislang jedoch selten strategisch bzw. unter Verfolgung eines bestimmten Qualitäts-

ziels (vgl. a.a.O., S. 76).

Noch deutlicher als in der Gruppe der Eltern ist es bei den Kitaleitungen und Träger-

verantwortlichen so, dass sie die Forderung nach Aktivitäten für eine Erhöhung des

Männeranteils in Kindertagesstätten erheben (vgl. a.a.O., S. 47). Sie zweifeln dabei

ebenso wenig wie die Eltern daran, dass Männer für den Erzieherberuf geeignet seien

(vgl. ebd.). Breitenbach (2006) sieht eine Differenzierung in der Umsetzung der For-

derung nach mehr Männern im Erzieherberuf nach Trägerschaft der Kindertagesstät-

ten (vgl. Breitenbach 2010, S. 144). Demnach ist der Männeranteil am pädagogi-

schen Fachpersonal bei freien Trägern höher als bei den öffentlichen Trägern und mit

10,2 Prozent im Jahr 2002 am höchsten bei den Elterninitiativen (vgl. ebd.). Kontro-

vers wird an einigen Stellen diskutiert, inwiefern der Ruf der Träger nach mehr

Männern in Kitaalltag lediglich einem wahrnehmbaren öffentlichen Mainstream folgt und nicht Teil eines geschlechterreflektierenden neuen konzeptionellen Denkens für die Elementarpädagogik entspringt. Aufgrund der bislang wenigen belastbaren Forschungsergebnisse zur Wirkung von Männern auf die pädagogischen Angebote in Kindertagesstätten und auf die betreuten Kinder (vgl. Breitenbach 2010, S. 142f.), ist jedoch auch nicht abschließend zu erkennen, ob es mehr Männer in den Kitas nur braucht, um pädagogische Effekte zu erzielen. Es ist also die Frage erlaubt, ob die Präsenz von Männern in der Kita nicht auch einfach ein Zeichen der Entwicklung von Normalität im Sinne der Geschlechtergerechtigkeit allgemein sein darf.

2.2.2. Elternsicht auf männliche Präsenz in Kindertagesstätten

Cremers et al. (2010) stellen fest, dass es einen ausgeprägten Wunsch nach mehr männlichen Erziehern sowohl bei Kitateams, in Ausbildungsklassen als auch bei Eltern gibt (vgl. Cremers et al. 2010, S. 46). So gibt in einer Befragung mehr als die Hälfte der Eltern (56%) an, dass es wichtig sei, eine Kinderbetreuung durch Männer und Frauen zu realisieren. Knapp die Hälfte, nämlich 45 Prozent der befragten Eltern sind der Meinung, dass sich Träger und Kitas dafür einsetzen sollten, mehr männliche Erzieher zu gewinnen (vgl. a.a.O., S. 47f.). Und eine deutliche Mehrheit äußert, dass sie ihr Kind ohne Bedenken in die Obhut eines männlichen Erziehers geben würden. Für gut ein Drittel erhöht sich die Attraktivität einer Kita, wenn dort Männer im pädagogischen Fachpersonal arbeiten (vgl. ebd.). Dabei gibt es Unterschiede in der Bewertung des Themas „Männer in Kitas" aus Elternsicht. So ist die Zustimmung in sozial besser gestellten Elternhäusern größer, wenngleich der Unterschied zu bildungsferneren und einkommensschwächeren Elternhäusern nur gering ist. Jüngere Eltern sind vergleichsweise zurückhaltend gegenüber der Thematik, ebenso ist eine Differenzierung zwischen westdeutschen und ostdeutschen Bundesländern feststellbar (vgl. a.a.O., S. 49). Jedoch sind auch hier die Unterschiede eher gering. Beachtenswert scheint, dass es in der Akzeptanz männlicher Erzieher keine Unterschiede zwischen Männern und Frauen gibt (vgl. a.a.O., S. 50). Mütter und Väter formulieren lediglich in Teilen unterschiedliche Erwartungen an männliche Erzieher. So beschreiben es Cremers et al. als auffällig, dass „42% der Mütter im Vergleich zu 29% der Väter von den männlichen Erziehern hohes Engagement fordern. 22% erwarten explizit, dass Männer Kinderlieb sein müssen. Von den Vätern nennen nur 11% diesen Aspekt im Rahmen der offenen Fragen" (a.a.O., S. 54). In einer nicht repräsentativen Befragung von Eltern einer Kindertagesstätte im Rahmen des Projekts „juniorExperten – Kinder brauchen Männer" wird ein weiterer bemerkenswerter Aspekt deutlich. Hier geben nur etwa ein Drittel (10 von 26) der befragten Eltern an, es sei wichtig, dass männliche Erzieher für die Väter zur Verfügung stünden. Nur elf der befragten Eltern meinen, männliche Erzieher würden eine stärkere Beteiligung der Väter in Kitas bewirken.

Elterliche Erwartungen korrespondieren dabei nicht immer mit denen der Kitateams bzw. der weiblichen Mitglieder dieser Teams. Gandor/Langen (2008) stellen eine dafür bezeichnende Situation wie folgt dar: „Zivi Klaus hat offensichtlich ins Schwarze getroffen. Instinktiv hat er die Bedürfnisse der Kinder nach Spannung und Abenteuer erspürt und aufgegriffen. Von den Eltern kommt die positive Rückmeldung, dass ihre Kinder von Klaus begeistert sind [...]. Erste Reaktion der Erzieherinnen war, dass sie sich über das ungewohnte Tohuwabohu massiv beschwerten: Klaus hatte die ganze Ordnung durcheinander gewirbelt" (Gandor / Lange 2008, S. 117). Während die Eltern die positive Reaktion ihrer Kinder als Grundlage ihrer Zustimmung nehmen, braucht es aus Sicht der Erzieherinnen offenkundig teilweise anderer Bewertungsmaßstäbe. So ist für sie nachvollziehbar die Funktionabilität des Gesamtsystems Kita von Bedeutung. In der oben beschriebenen konkreten Situation brauchte es der Vereinbarung klarer Regeln, die die Freiräume beispielsweise für das Toben einräumten, darüber hinaus aber den geregelten Ablauf des Kita-Alltags sicherstellten (vgl. ebd.).

Auch wenn die positive Resonanz von Eltern und Kitateams auf männliche Erzieher ähnlich hoch ist, sind erkennbar die Motivationen hierfür zumindest in Teilen verschieden.

2.3. Vorbehalte gegen männliche Erzieher

Vorbehalte gegen männliche Erzieher ergeben sich unter anderem in der Frage körperlicher Nähe zu Kindern in der Berufsausübung. Frühkindliche Bildung ist Beziehungsarbeit, „und das kann man nicht auf drei Meter Distanz machen. Beziehungsarbeit hat auch mit körperlicher Nähe zu tun, je kleiner die Kinder sind, desto mehr" (Schneider 2011, o.S.). Die gedankliche Nähe zum Missbrauch wirkt für junge Männer als Ausbildungshindernis (vgl. ebd. & Cremers et al. 2010, S. 63).

Schwer „greifbar" ist der Generalverdacht des sexuellen Missbrauchs gegen männliche Erzieher, da er selten konkret formuliert wird, sondern eher beiläufig als Thema mitschwingt, wenn über die Präsenz von Männern in Kindertagesstätten gesprochen wird. Die Koordinationsstelle Männer in Kitas an der Katholischen Hochschule für Sozialwesen Berlin schreibt in einer Stellungsnahme zum Thema Generalverdacht: „Derzeit gehen Expert/innen davon aus, dass sexualisierte Gewalt durch männliche Erzieher in Kitas sehr selten ist. Jedoch führen einzelne Fälle sexualisierter Gewalt immer wieder zu einem generellen Verdacht gegenüber männlichen Fachkräften. Männliche Erzieher werden manchmal angewiesen, nie allein in einem Raum mit Kindern zu sein oder körperlichen Kontakt zu Kindern möglichst zu vermeiden. Dies führt, bereits in der Ausbildung, zur Verunsicherung der Erzieher und beeinträchtigt das Verhältnis von Kindern zu männlichen Fachkräften insgesamt" (Koordinationsstelle Männer in Kitas 2011, o.S.). Gefordert werden der differenzierte Umgang mit der Thematik und die Etablierung von Konzepten und Instrumenten zum Schutz der Kinder vor möglichen Übergriffen. Die Experten/innen der Koordinationsstelle lehnen ein Verbot des körperlichen Kontakts zwischen männlichen Erziehern und Kindern mit der Begründung ab, dass dies sowohl die männlichen Fachkräfte als auch die Kinder verunsichern würde (vgl. ebd.).

Der Verein Zartbitter e.V. setzt sich seit Jahren intensiv mit der Thematik des sexuellen Missbrauchs an Kindern auseinander und hat sich unter anderem auch mit institutionellen Rahmenbedingungen beschäftigt. Enders (2004) beschreibt, dass die Reaktion auf sexuellen Missbrauch in Institutionen ähnlich wie bei Bekanntwerden von innerfamilialem Missbrauch „maßgeblich durch Verleugnung, Abstumpfung und Vermeidung von Begegnung bestimmt" werden (Enders 2004, S. 2). In einer Pressemitteilung zur Kultur der Grenzachtung stellt der Verein Zartbitter fest: „Die Erfahrungen von Zartbitter in der Beratung von Betroffenen, der Begleitung von Institutionen bei der Aufarbeitung von Missbrauch in den eigenen Reihen und der Supervision von Fachkräften bestätigen immer wieder, dass Täter und Täterinnen sich gezielt für eine Mitarbeit in Institutionen entscheiden, in denen aufgrund struktureller Defizite für sie ein geringes Risiko besteht, dass ihre Taten aufgedeckt werden" (Zartbitter e.V. 2010, o.S.). Verwiesen wird darauf, dass ein besonders hohes Risiko des sexuellen Missbrauchs durch mitarbeitende Täter/innen in solchen Einrichtungen besteht, die autoritär geleitet werden, da hier Entscheidungen weniger aus fachlichen Erwägungen sondern eher im Interesse der eigenen Machtposition getroffen werden (vgl. ebd.). „Weniger Möglichkeiten der sexuellen Ausbeutung von Kindern bestehen in klar strukturierten Einrichtungen mit niedriger Hierarchie und transparenten Leitungsstrukturen. In diesen Einrichtungen werden Entscheidungen in der Regel auf der Basis eines fachlichen Dialogs getroffen und der Umgang mit Nähe und Distanz im Team reflektiert. Somit bieten sie die Voraussetzungen, um eine „Kultur der Grenzachtung" zu etablieren" (ebd.). Nicht nur im Zusammenhang mit der Einbindung von Männern in das Fachpersonal von Kindertagesstätten ist also die Forderung aufzustellen, dass im Sinne bestmöglicher Prävention von Missbrauchshandlungen Leitungsstrukturen transparent gestaltet werden und Mitarbeiter/innen in Kindertagesstätten die Möglichkeit zur inhaltlichen und strukturellen Mitgestaltung erhalten.

Auch vor dem Hintergrund eventueller Konfliktpotenziale, die sich durch das „Eindringen" von Männern in die vormals weiblich dominierte Teamkultur ergeben können, sind solche Strukturen wohl die geeigneten, um schnell und im Sinne aller Beteiligten Problemlösungen zu entwickeln und umzusetzen.

Neben dem Generalverdacht des sexuellen Missbrauchs führt Rohrmann (2001) weitere mögliche Vorbehalte gegenüber männlichen Erziehern in Kindertagesstätten auf. So seien beispielsweise Klagen darüber zu hören, dass ein gleichberechtigtes Miteinander von Mann und Frau in der Gruppenarbeit nicht möglich sei, männliche Praktikanten die höhere Kompetenz und Weisungsbefugnis weiblicher Erzieherinnen nicht anerkennen oder Männer ihre Gruppen „nicht im Griff" hätten (vgl. Rohrmann 2001, S. 3f.). Hier wird im Erleben der Schwierigkeiten in der gemeinsamen Arbeit offensichtlich sehr schnell auf das unterschiedliche Geschlecht als Begründungs abgestellt. Rohrmann verweist auf den Aspekt der Infragestellung weiblicher Fachkompetenz im Erzieher/innen-Beruf, wenn – wie aktuell zu verfolgen – immer wieder darauf hingewiesen wird, dass es der Ergänzung von Kita-Teams durch Männer bräuchte, um im weitesten Sinne erfolgreich pädagogisch zu arbeiten (vgl. a.a.O., S.

4). Und nicht zuletzt führen berufspolitische Argumente zu Vorbehalten gegen männliche Erzieher, wenn etwa davor gewarnt wird, dass eines der wenigen von Frauen gestalteten und auch auf allen Ebenen verantworteten Berufsfelder nunmehr auch von Männern besetzt wird (vgl. ebd.).

Deutlich wird aus diesen Vorbehalten, dass es der ausführlichen Diskussion um die Notwendigkeit und der Wirkungen von Männern in Kindertagesstätten braucht.

Nicht zuletzt die Einordnung der Bemühungen um eine höhere männliche Präsenz im pädagogischen Fachpersonal der Kindertagesstätten in den allgemeinen Diskurs um die Herstellung von Geschlechtergerechtigkeit sollte geeignet sein, Vorbehalte auszuräumen. Ziel muss das Erreichen eines Verständnisses für die Normalität der Präsenz von Männern in Berufen der Sozialen Arbeit sein. Ebenso sollte die Normalität der Beschäftigung von Frauen in den Berufen der Naturwissenschaft und Technik und in den Führungsebenen von Wirtschaft und Verwaltung anerkannt werden.

2.4 Verbleib von Männern im Erzieherberuf

Neben der Gewinnung von Jungen und Männern für eine Ausbildung und Tätigkeit im Erzieherberuf muss für die nachhaltige Erhöhung des Anteils von Männern im pädagogischen Fachpersonal der Kindertagesstätten auch nach deren späterem Verbleib im Berufsfeld geschaut werden.

Die Studie „Männliche Fachkräfte in Kindertagesstätten" weist darauf hin, dass die wenigsten männlichen Erzieher sich vorstellen können, auf lange Sicht in der Kita zu bleiben, trotzdem sie ihre Arbeit dort gern ausüben (Cremers et al. 2010, S. 40). Die Mehrheit der für die Studie befragten Männer knüpft einen Verbleib in der Kita an Karrieremöglichkeiten, also etwa die Übernahme der Kitaleitung. Daneben stehen ein weiterführendes Studium oder ein Wechsel in andere Bereiche der Erziehertätigkeit bei vielen männlichen Erziehern auf der Agenda (vgl. ebd.). Durch die Übernahme einer Leitungsposition oder die Option hierauf wird das Berufsfeld Kindertagesstätte für Männer attraktiver (vgl. a.a.O., S. 41).

Neben dem beruflichen Aufstieg bietet sich Männern im Erzieherberuf die Möglichkeit der Fort- und Weiterbildung, um dem Interesse nach Veränderung nachzugehen.

Wird auf die besonderen Qualitäten verwiesen, die Männer in die Arbeit als Erzieher einbringen sollen, so müssen diese Qualitäten auch in der Ausübung des Berufs weiterentwickelt und gestärkt werden (vgl. Rohrmann 2001, S. 4). Die Forderung nach speziellen Aus- und Fortbildungsangeboten für männliche Erzieher wird auch von Experten aus verschiedenen europäischen Ländern getragen (vgl. Netzwerk der EK 1993 zit. nach Rohrmann 2001, S. 3). Neben der Stärkung besonderer Qualitäten sollen diese auch der Gefahr einer Isolation der oft als einziger Mann in einer Einrichtung arbeitenden Erzieher entgegenwirken (vgl. ebd.).

Die Realisierung von besonderen Angeboten, die beispielsweise explizit Väter oder die Jungen einer Einrichtung ansprechen, können weitere besondere Herausforderungen darstellen. Die Darstellung solcher Aktivitäten nach außen hin bringt neben dem Imagegewinn für die Kindertagesstätte auch eine Anerkennung für diese besondere Form des Engagements von Erziehern. „Einen Tag und für diejenigen die sich trauen, auch eine Nacht lang, dreht sich alles um Väter, Großväter und ihre Kinder. Begleitet werden sie von den männlichen Kita-Fachkräften des Rabennestes. Die Mütter und auch alle weiblichen Erzieherinnen haben somit geschlossen frei" (AWO-Kita Rabennest 2011, o.S.). In der hier in Auszügen zitierten Meldung – formuliert und herausgegeben vom männlichen Leiter einer Kindertagesstätte in Erfurt – wird besonders darauf hingewiesen, dass alle weiblichen Erzieherinnen „geschlossen frei" haben, die männlichen Fachkräfte der Einrichtung das vorgestellte Angebot, einen

Väter-Kind-Tag mit Übernachtung im Zelt, allein realisieren. In einem weiterführenden Presseartikel (vgl. meinAnzeiger.de vom 06.07.2011 – Anlage 1) wird durch denselben Verfasser die Tätigkeit eines der Erzieher, die das Vater-Kind-Angebot mit gestalteten, in der Öffentlichkeit vorgestellt. Neben vielen anderen Wirkungen, wie etwa der Bekanntmachung dazu, dass es in Kitas männliche Erzieher gibt oder dass Väter sich in der Kita engagieren können, erfolgt hier auch eine besondere Herausstellung der Leistungen und Qualitäten männlicher Erzieher. In einer Kindertagesstätte mit fünf männlichen Erziehern kann dies Teil eines möglichen Weges sein, dem nach Cremers et al. (2010, S. 40) bestehenden männlichen Wunsch nach Anerkennung durch Karriereaufstieg gelingend eine andere Form der Anerkennung entgegenzusetzen.

In der Betrachtung der Bemühungen um den Verbleib ausgebildeter männlicher Erzieher im Beruf soll schließlich auf die Notwendigkeit des Austauschs der Männer untereinander hingewiesen sein. Hierfür bieten neben den oben schon erwähnten Fortbildungen auch trägerübergreifende Männerarbeitskreise gute Möglichkeiten. Solche Arbeitskreise existieren beispielsweise schon in den Bundesländern Bayern, Berlin, Hessen, Niedersachsen, Nordrhein-Westfalen, Rheinland-Pfalz, Sachsen, Sachsen-Anhalt und Thüringen (vgl. Koordinationsstelle Männer in Kitas 2011(b), o.S.).

Abschließend sei noch auf verschiedene Rahmenbedingungen hingewiesen, deren Umgestaltung unter Umständen zu längeren Verbleibszeiten von Männern im Erzieherberuf an Kindertagesstätten beitragen könnten. So würde eine deutliche Verbesserung der Einkommenssituation von Erzieherinnen und Erziehern unter anderem auch als deutliche Wertschätzung der professionellen Arbeit wahrgenommen werden. Männliche Erzieher in Kitas nicht allein einzustellen, sondern ihnen jeweils mindestens einen weiteren Kollegen zur Seite zu stellen, würde der Gefahr der Isolation entgegen wirken.

3. Wege in den Erzieherberuf - Erweiterung des männlichen Berufswahl-spektrums

Anlässlich des ersten bundesweit stattfindenden Boys' Day – Jungenzukunftstages forderten die Koalitionsfraktionen von CDU/CSU und FDP im Deutschen Bundestag in einem gemeinsamen Antrag am 14. April 2011 die Regierung dazu auf, „durch geeignete Maßnahmen dazu beizutragen, das Berufswahlspektrum von Jungen und jungen Männern zu erweitern und gemeinsam mit der Bundesagentur für Arbeit Berufsinformationsmaterial und Qualifizierungsmaßnahmen so zu gestalten, dass sich mehr Jungen und junge Männer für Berufsfelder interessieren, in denen sie bisher unterrepräsentiert sind" (Deutscher Bundestag 2011, S. 3).

Nun kann dazu diskutiert werden, inwieweit es in den Möglichkeiten der Bundesregierung liegt, auf die Erweiterung des Berufswahlspektrums von Jungen Einfluss zu nehmen. Erkannt ist bei den Antragstellerinnen und Antragstellern aber, dass es der Einflussnahme auf den Prozess der Studien- und Berufswahlorientierung bedarf, um Jungen den Zugang zu Berufen der Sozialen Arbeit allgemein und zum Erzieherberuf im Besonderen zu erschließen.

Traditionelle Wege für Jungs sind durch eine „traditionelle Berufswahl, der Orientierung an dem Modell des männlichen Haupternährers und häufig auch durch Homophobie, negative Abgrenzung von Weiblichkeit und weiblich konnotierten Lebensentwürfen und Tätigkeitsfeldern gekennzeichnet" (Kompetenzzentrum Technik, Diversity, Chancengleichheit e.V. 2008, S. 35). Es gilt in der Begleitung von Jungen in diesem wichtigen Prozess des „Zurechtfindens" im Leben eingeengte Perspektiven auszuweiten, neue Perspektiven zu eröffnen.

3.1. Allgemeine Grundlagen der beruflichen Orientierung

Der Versuch der Sensibilisierung von Jungen für die Berücksichtigung der Sozialen Arbeit als Teil des in Frage kommenden Berufswahlspektrums ist als Einflussnahme auf den individuellen Berufswahlprozess zu sehen. Er ordnet sich damit in die Summe der Einflüsse und Beeinflussungen des Berufswahlprozesses ein. Diese Beeinflussung sowohl des Berufswahlprozesses als auch der letztlich stattfindenden Berufswahlentscheidung erfolgt einerseits spezifisch und absichtsvoll durch Dritte, etwa durch die Angebote der Berufswahlorientierung im schulischen Kontext (vgl. Kahlert / Mansel 2007, S. 7 f.), durch die Informations- und Beratungsangebote der Agentur für Arbeit oder durch den Versuch der Einflussnahme auf eine Entscheidungsfindung des/der Berufswählenden seitens der Eltern. Andererseits wirken unspezifische Einflüsse, wie etwa die eher beiläufige Zuschreibung von vermeintlichen Fähigkeiten oder Beschränkungen in der Berufswahl durch geschlechterstereotype Alltagskommunikation in der Schule, dem familialen Umfeld oder der Peergroup.

Je weniger offensichtlich die Beeinflussung des Berufswahlprozesses durch äußere Faktoren und dritte Personen und Institutionen für den/die Berufswählende/n ist, desto intensiver muss die Auseinandersetzung mit solchen Einflussfaktoren sein, sollen sie in ihrer Wirkung an Bedeutung verlieren.

Über die gesamte Kindheit erlebte Zuschreibungen von Fähigkeiten, Interessen und Grenzen, die auf dem Geschlecht des/der Berufswählenden beruhen, werden so zwar in ihrer Wirkung auf das Berufswahlverhalten große (einschränkende) Bedeutung haben, als beeinflussend aber wahrscheinlich nicht wahrgenommen. Entsprechend wird hier nicht die einfache Information der Berufswählenden über diese Einflussgröße genügen, um ihre Bedeutung im Berufswahlprozess zu minimieren. Vielmehr wird umfangreich an Alternativen zum vertieft existenten Rollenklischee gearbeitet werden müssen, um eine Erweiterung des Berufswahlspektrums auch auf vermeintlich geschlechtsuntypische Berufsbilder zu erreichen.

Verschiedene Berufswahltheorien bewerten die Wirkung der außerhalb der Person des/der Berufswählenden liegenden Faktoren (neben der Geschlechterstereotypisierung wirken ebenso die Aspekte sozialer Absicherung, gesellschaftlichen Ansehens von Berufsbildern, Wirkungen des eigenen familialen Hintergrundes, etc.) als unterschiedlich bedeutsam für die Berufswahlentscheidung. Um Bemühungen zur Gewinnung von Jungen und Männern für einen beruflichen Werdegang in der Sozialen Arbeit aus der Perspektive der Nachhaltigkeit zu betrachten, sollen an dieser Stelle die wissenschaftlichen Theorien zum Berufswahlverhalten eingeführt werden.

3.2 Einflussfaktoren auf den Berufswahlprozess - relevante Berufswahltheorien

Wissenschaftliche Berufswahltheorien betrachten den Prozess der Berufswahlorientierung aus verschiedenen Perspektiven und berücksichtigen jeweils unterschiedliche Aspekte im komplexen Prozess der Entscheidungsfindung zur individuellen Verortung in der Arbeitswelt. Aus der Vielzahl denkbarer Perspektiven ergibt sich nahezu zwangsläufig eine ebenso große Zahl verschiedener Theorieansätze. So gehen verschiedene Theorien eher von der Person des/der Berufswählers/-in aus, andere eher von Einflussfaktoren aus dessen/deren Umwelt. Betrachten einige Theorien eher den Gesamtprozess beruflicher Verortung, so stellen andere tendenziell auf den Moment der eigentlichen Entscheidung für einen Berufsweg ab. Fragen der Rollenzuschreibung spielen je nach Berufswahltheorie mehr oder weniger umfangreich eine Rolle.

Im Folgenden soll versucht werden, verschiedene Berufswahltheorien auf ihre An-wendbarkeit für die schulische Berufswahlorientierung hin zu beleuchten. Im Rah-men dieser Ausarbeitung und aufgrund der oben beschriebenen Vielfalt im Bereich der Berufswahltheorien ist es dabei nicht möglich, alle bislang veröffentlichten Theo-rien zu diskutieren. Es sollen daher jene mit weiterer Aufmerksamkeit betrachtet werden, die im Kontext der Bemühungen um die Gewinnung von Jungen und Män-nern für das Berufsfeld Kindertagesstätte bedeutsam erscheinen.

3.2.1 Zur Berufswahlforschung

Theoretische Ansätze zum Umgang mit Berufswahlproblemen sind entsprechend der oben beschriebenen verschiedenen Perspektiven häufig disparat. Als Indiz dafür kann gewertet werden, dass es – zumindest bislang – trotz mehrfacher Versuche noch keine schlüssige Theorie zum komplexen Phänomen des Berufswahlverhaltens gibt (vgl. Helsper / Böhme 2004, S. 571). Die überwiegende Zahl der Forschungsarbei-ten, die sich mit Berufswahlverhalten bzw. dem Berufswahlprozess beschäftigen, stammt aus den USA, wo sich im Gegensatz zu Europa die Berufswahlforschung seit den 1950er Jahren geradezu zu einer Paradedisziplin innerhalb der Sozialwissen-schaften entwickeln konnte (vgl. Nowack 2002, S. 8 f.).

Als Begründer der Berufswahlforschung wird in der aktuellen Literatur Frank Par-sons benannt, der 1908 in Boston die erste Berufsberatungsstelle eröffnete, das „Bu-reauofVocationalGuidance" und mit „Choosing a vocation" (1909) den ersten Be-rufswahlansatz (den sog. „trait-and-factor" - Ansatz) begründete (vgl. ebd.). Parsons ging davon aus, dass Menschen, die einer ausgemachten Berufung bei der Berufs-wahl folgten, insgesamt zufriedener seien, als jene, die nur irgendeinen „Job" ausüb-ten.

Diese Anfänge der Berufswahlforschung bezogen sich vor allem auf die Eignung für einen Beruf und das Erfassen von Arbeitszufriedenheit. Ziel war es, durch die Kenntnis möglichst vieler Bedingungsfaktoren einen Einblick in das Bedingungsgefüge des Wahlverhaltens zu gewinnen, und hieraus Ansätze für mögliche Eingriffe in der Berufsberatung zu finden (vgl. ebd.). Die Erkenntnis, dass Berufswahl als langjähriger Prozess zu verstehen und beschreiben ist, setzte sich erst deutlich später durch.

Insbesondere in der Zeit der Hochkonjunktur in den 1970er Jahren änderte sich die Perspektive der Berufswahlforschung weg vom Fokus auf den eigentlichen Wahlvorgang hin zu einer komplexen Betrachtung verschiedenster soziologischer Einflussfaktoren. Die sich daraus ergebende Vielfalt an Konzepten begründete bald die ersten Versuche einer zusammenfassenden Interpretation und Systematisierung. Bußhoff (1998) stellte fest, dass es bis dato nicht gelungen sei, „den komplexen Vorgang der Berufswahl von einem Ansatz her zu erklären" (Bußhoff 1998, S. 77) und schließt damit an die Kritik von Seifert an, der bemerkte, die fast hundertjährige Forschungstradition sei immer noch „unfertig": die Erklärungsansätze seien „entweder zu breit und umfassend oder zu eng konzipiert" (Seifert 1977, S. 263). In der Folge versuchte u.a. Bußhoff die Entwicklung eines Ordnungsschemas, das vorhandene Berufswahltheorien miteinander in Beziehung stellt und die Notwendigkeit der Verknüpfung verschiedener Theorien begründet.

3.2.2 Theorien der Berufswahl

Wie oben beschrieben, stellen Berufswahltheorien auf verschiedenste Perspektiven zum Prozess der Berufswahl bzw. der Berufswahlentscheidung ab. Unterscheidungsmerkmale sind beispielsweise Exogenität oder Endogenität von Einflussfakto-

ren, Prozess- oder Momentorientierung des Theorieansatzes, Milieu- oder Systembe-
zug. In die folgende vergleichende Betrachtung verschiedener berufswahltheoreti-
scher Ansätze sollen vor allem solche Ansätze einbezogen werden, die im aktuellen
Diskurs zur Berufswahlvorbereitung bzw. Berufswahlorientierung an Schule eine
Rolle spielen.

3.2.2.1 Der person-job-fit-Ansatz

Der person-job-fit-Ansatz lässt sich im Ansatz zurückführen auf Frank Parsons, der
1909 ein Drei-Stufen-Modell zur Berufsberatung entwickelte. Parsons ging davon
aus, dass die Berufswahl auf einer Persönlichkeitsanalyse, einer Arbeitsplatzanalyse
und einer optimalen Zuordnung durch professionelle Beratung beruhen sollte. Dieser
Ansatz verfolgt das Ziel der Erreichung einer größtmöglichen Kongruenz zwischen
Mensch und Arbeitsumgebung zur Optimierung vor allem der persönlichen Zufriedenheit und damit auch der Leistungsfähigkeit des/der Berufstätigen (vgl. Winterhoff-Spurk 2002, S. 52).

Aus der Unterstellung einer möglichen Passgenauigkeit zwischen Persönlichkeit und
Anforderungen eines Berufsbildes ließe sich aufgrund definierbarer Kriterien für
jeden Menschen „der passende" Beruf finden. Die Herausforderung bestünde letztlich also darin, ein möglichst genaues System zur Erhebung von Kriterien zu Persönlichkeit und Anforderungen des Berufsbildes zu entwickeln. Dem Ansatz konsequent
folgend dürfte bei entsprechender frühzeitiger Testung vor dem Treffen einer Berufswahlentscheidung nahezu in jedem Fall die „richtige" Berufswahlentscheidung
zu treffen sein. Betrachtet man die Realität beruflicher Biografien insbesondere in
den Industriestaaten, so steht dem die Tatsache entgegen, dass diese hier zunehmend
durch grundlegende Wechsel bzw. Veränderungen in der Ausübung von Berufen

gekennzeichnet sind. Der Terminus des „lebenslangen Lernens" impliziert schließlich auch die Notwendigkeit lebenslanger Anpassungsbemühungen im Beruf, die nicht allein auf die Veränderungen im jeweiligen Beruf zielen, sondern den Wechsel im Berufsfeld oder gar zwischen verschiedenen Berufsfeldern mit in Betracht ziehen. In der Schlussfolgerung ist also Vorsicht bei einem möglichen Versuch einer absoluten Zuordnung von Persönlichkeits- und Berufsmerkmalen geboten. Als weit gefasste Orientierungshilfe für bestimmte Berufsfelder ausgelegt, ist der person-job-fit-Ansatz sicherlich geeignet, notwendige Unterstützung in der beruflichen Grundorientierung zu bieten. So wäre etwa die grundsätzliche „Nähe" einer Persönlichkeit zu Berufsbildern der Sozialen Arbeit darstellbar, wenn die entsprechende Person beispielsweise über die im Berufsfeld erwarteten Eigenschaften und Interessen verfügt.

Berufswahltheorie von Holland (1985, 1997)

Die in der aktuellen Berufsberatung von Schülerinnen und Schülern insbesondere durch die Arbeitsagentur häufig zugrunde gelegte Berufswahltheorie ist jene von Holland (1985, 1997). Die Berufswahltheorie von Holland ist dem Differentialpsychologischen und dem person-job-fit-Ansatz zuzuordnen.

Wie Parsons vertritt auch Holland die Annahme, dass die Berufswahl auf einer Persönlichkeitsanalyse, einer Arbeitsplatzanalyse und einer optimalen Zuordnung durch professionelle Beratung beruhen sollte. Die empirische Grundlage der Berufswahltheorie von Holland bildet eine Studie von Guilford aus dem Jahr 1954. Holland leitete aus der darin erhobenen Faktorenanalyse seine Typologie ab. Sowohl für die Zuordnung von Menschen zu einem Interessentypen, als auch für die Bezeichnung von beruflichen Umwelten benennt er 6 Typen: (1) realistic – praktisch-technische Orientierung, (2) investigative – intellektuell-forschende Orientierung, (3) artistic –

künstlerisch-sprachliche Orientierung, (4) social – soziale Orientierung, (5) enterprising – unternehmerische Orientierung, (6) conventional – konventionelle Orientierung. (RIASEC) (vgl. Holland 1985, S.3). Die sechs Interessentypen sind jeweils durch berufliche Interessen, Fähigkeiten und Einstellungen gekennzeichnet. Durch Vergleich der Merkmale einer Person mit jedem der sechs Modelltypen kann relativ zuverlässig bestimmt werden zu welchem die größte Ähnlichkeit besteht.

Holland geht davon aus, dass Menschen nach Umwelten suchen, die es ihnen erlauben, ihre Fähigkeiten, Fertigkeiten und Interessen bestmöglich umzusetzen. Daraus ergibt sich die Schlussfolgerung, dass mit einer möglichst hohen Übereinstimmung von Interessen- und Umwelttypus eine hohe Arbeitszufriedenheit und damit Leistungsfähigkeit im Beruf einhergeht (vgl. Holland 1985, S.4). Eine hexagonale Anordnung der 6 Interessentypen (hexagonales Modell) erlaubt nach Holland zudem die Feststellung eines bestimmten Maßes an Stabilität in der Zuordnung zu einem Interessentyp. Menschen mit näher beieinander liegenden Interessen weisen stabilere Interessen und stabilere berufliche Aktivitäten auf. Dies bedeutet eine höhere Arbeitszufriedenheit, ihr Verbleib in einer Unternehmung ist wahrscheinlicher, die berufliche Leistung der betreffenden Person ist voraussichtlich besser (vgl. ebd.).

In der Studien- und Berufsberatung der Agentur für Arbeit wird zur Sensibilisierung für eine weiterführende Berufswahlorientierung der sog. EXPLORIX-Test verwandt. Dieser beruht auf der Berufswahltheorie nach Holland und nutzt die 6 von Holland bezeichneten Interessen- und Umwelttypen. Im Ergebnis der Testung erhalten Schüler/-innen zum einen eine Auswahl möglicher Berufe, die zu ihrem Interessentypus passen, genannt. Zum anderen erhalten sie eine Rückmeldung dazu, inwiefern die aktuell selbst vorgenommene Interessenverortung auf eine stabile Studien-/Berufswahlentscheidung schließen lässt (vgl. Hexagonalmodell oben). Die Berufsberatung der Arbeitsagentur legt jedoch Wert auf die Feststellung, dass die Tester-gebnisse lediglich als Denkanstoß und grobe Orientierungshilfe geeignet seien und keine abschließende Empfehlung für einen bestimmten Beruf darstellten.

Unberücksichtigt bleibt bei Holland, woher die Prägung eines bestimmten Interesses stammt und als wie nachhaltig der jeweils festgestellte Interessentypus angenommen werden kann.

3.2.2.2 Der Entscheidungstheoretische Ansatz

Entscheidungstheoretische Ansätze in der Berufswahlforschung finden sich in der deutschsprachigen Literatur vor allem in den 1970er und 1980er Jahren. Sie nehmen das Kriterium der Rationalität in die Berufswahltheorie auf und stellen letztlich vor allem auf die die Berufs- und Stellenfindung abschließenden Wahl- und Entschei-dungsvorgänge ab (vgl. Seifert 1977, S. 215). Insofern erfolgt eine weitgehende Abs-trahierung von individuellen (biografischen) Bedingungen und schließlich auch von der in anderen Theorien besonders bedachten Prozesshaftigkeit der Studien- und Be-rufswahl.

Offene Entscheidungsmodelle gehen davon aus, dass das Entscheidungssubjekt – hier der Berufswähler / die Berufswählerin – über die ihm offen stehenden Hand-lungsalternativen und deren Konsequenzen nur unvollkommen informiert ist bzw. sein kann und dass es von vornherein weder über eine subjektiv gewichtete Rangfol-ge von Zielen noch über geeignete Entscheidungsstrategien verfügt (vgl. Nowack 2002, S. 32f.). Angenommen wird hierbei zudem, dass die Berufswahlsituation eine solche ist, die aufgrund äußerer Gegebenheiten (etwa dem Schulabschluss) zu einer Entscheidung herausfordert und dass die vorhandenen Informationen nicht vollumfänglich die Entscheidungsmöglichkeiten widerspiegeln. Daraus ergibt sich ein Entscheidungsablauf, der in 4 Stufen erfolgt:

1. Wahrnehmung des Problems, beispielsweise durch die bevorstehende Beendigung des regulären Schulbesuchs und der damit verbundenen Entscheidungsnotwendigkeit.

2. Informationssuche und –verarbeitung, die von vergangenen Erfahrungen ausgeht und beeinflusst von äußeren und in der Persönlichkeit des/der Berufs-wählers/in liegenden Faktoren unterschiedliche Ergebnisse zeitigen kann.

3. Entscheidung, die die Festlegung auf einen Handlungsentwurf beinhaltet.

4. Realisierung, was die tatsächliche Umsetzung der Entscheidung in eine Handlung, also beispielsweise die Aufnahme einer Berufsausbildung oder eines Studiums bedeutet. (vgl. ebd.)

Lange (1978) geht davon aus, dass Berufswahlentscheidungen letztlich von einer Mehrzahl an Entscheidungsvoraussetzungen geprägt sind. Evaluative, kognitive und modale Entscheidungsprämissen erzeugen eine Variabilität in den möglichen Entscheidungssituationen. Sie hängen unter anderem von der Sozialisation des/der Berufswählers/in ab und sind in soziale Interaktionsprozesse eingebunden. Daraus folgt ein unterschiedlicher Grad an Rationalität in der Berufswahlentscheidungssituation, die von Lange in den drei Stufen – rationale Entscheidungssituation – Situation des Durchwurstelns – Situation der Zufallswahl – (mit Zuordnung zu abnehmender Bildungsvoraussetzung) beschrieben wird (vgl. Lange 1978 zit. nach Nowack 2002, S. 34).

Betrachtet man das reale Berufswahlverhalten von Jugendlichen oberflächlich, scheint die Anwendbarkeit entscheidungstheoretischer Ansätze zur Erklärung der Beobachtungen naheliegend. Tatsächlich berichten beispielsweise Lehrer/-innen regelmäßig davon, dass insbesondere die Wahl eines Ausbildungsplatzes vielfach von zufälligen Ereignissen gesteuert sei bzw. wenige scheinbar naheliegende Entscheidungskriterien – etwa die Nähe zum Wohnort, das Erscheinen eines Ausbildungsplatzangebotes in der gerade zu Hause gelesenen Tageszeitung etc. - die Grundlage einer Entscheidung bilden.

Das alleinige Abstellen auf mehr oder weniger umfangreich vorhandene Informationen zum Spektrum der Wahlmöglichkeiten und der beruflichen Perspektiven führt jedoch zu einer problematischen Verengung der Begründungsmöglichkeiten für bestimmte Berufswahlverhalten. Zum einen würde dies die Notwendigkeit der Berücksichtigung persönlicher biografischer Erfahrungen und Besonderheiten in der Berufswahl negieren, zum anderen bedeuten, dass allein die vermehrte Bereitstellung von Informationen zu einem „passgenaueren" individuellen Entscheidungsprozess führen würde. Insbesondere Letzteres ist durch die schulische Praxis widerlegt. Zudem stellte sich hier das Problem, dass Jugendliche (und hier insbesondere Jungen) im berufswahlrelevanten Alter nicht selten die Auseinandersetzung mit zur Verfügung gestellten Informationen und Unterstützungsangeboten aus Gründen der grundsätzlichen Opposition zur Erwachsenenwelt verweigern. Insofern würde das Problem der Organisation des „Ankommens" von notwendigen Informationen jenseits entscheidungstheoretischer Möglichkeit diskutiert werden müssen.

3.2.2.3 Der Entwicklungspsychologische Ansatz

Die Entwicklungspsychologie ist mit der Veränderung von Verhalten und Erleben über die gesamte Lebensspanne befasst. Entwicklungspsychologische Ansätze in der Berufswahlforschung begreifen Berufswahl daher als Entscheidungs-Prozess, in dem verschiedene Stadien durchlaufen werden. Sie beziehen dabei eine Vielzahl von Facetten persönlicher Entwicklungsmöglichkeiten und -bereiche im Prozessverlauf ein.

Im Gegensatz zu anderen Ansätzen versteht der entwicklungspsychologische Ansatz Berufswahl als lebenslangen dynamischen Entwicklungs- und Entscheidungsprozess.

Einflussreiche Berufswahltheorien aus dem Bereich der Entwicklungspsychologie sind unter anderem jene von

- Ginzberg (1951), der Berufswahl als sich aus den Stadien (a) Fantasy (b) Tentative und (c) Realistic bildend und als Kompromiss zwischen individuellen und soziokulturellen Bedingungen entwickelt beschreibt,

- Tiedemann und O'Hara (1963), die die Berufswahl- und Karriereentscheidung als Berufsvorbereitung und Verwirklichungs-/Anpassungsprozess beschreibt,

- Gottfredson (1996), die auf eine möglichst hohe Übereinstimmung von Selbstkonzept und Berufsschemata abstellt und schließlich

- Super (1957), die das sich aus der Interaktion zwischen Individuum und sozialem Umfeld entwickelnde Selbstkonzept zum Kern hat und besagt, dass Individuen eine zu ihrem Selbstkonzept passende Arbeitsumwelt anstreben. (vgl. Seifert 1977, 180f.)

Berufswahltheorie nach Super

Super übernimmt für seine Theorie Vorüberlegungen von Ginzberg (1951) und begreift Berufswahl als Ergebnis von Interaktionen von Individuen und ihrer soziokulturellen Umwelt. Im Gegensatz zu Ginzberg sieht Super diese Wechselwirkungen jedoch als Synthese und nicht als Kompromiss (vgl. Seifert 1977, S. 185). Nach Super strebt der Mensch in der Berufswahl nach Selbstverwirklichung. Diese gelingt insbesondere, wenn er eine Kongruenz zwischen dem Selbstkonzept und den beruflichen Anforderungen erreicht. Selbstkonzept meint hierbei die Wahrnehmung und das

Wissen um die eigene Person. Dazu gehört das Wissen über persönliche Eigenschaften, Vorlieben, Fähigkeiten, Gefühle und Verhaltensweisen.

Nach Super wird ein Mensch also vor allem jene Berufsfelder für sich wählen, die im Einklang mit den eigenen Fähigkeiten, Interessen, Vorlieben, Einstellungen, Merkmalen und Talenten stehen. Hierzu korrespondiert der Begriff der Berufswahlreife, der die Fähigkeit eines Menschen bezeichnet, sein berufliches Verhalten in Kongruenz zu den für das jeweilige Lebensalter charakteristischen Lebensaufgaben zu stellen (vgl. ebd.). Super unterstellt dabei jeder Person die Einnahme von Rollen (Child, Student, Leisurite, Citizen, Worker, Homemaker), wobei abhängig vom jeweiligen Lebensalter diese Rollen unterschiedlich gewichtet würden (vgl. a.a.O., S.187). Für die Rolle des Workers stellt Super beispielsweise folgendes Phasenmodell auf (vgl. ebd.):

Phase 1: Growth (bis 14 Jahre) Spielen beruflicher Rollen und dabei Erkennen persönlicher Interessen und Fähigkeiten; Entwicklung des Selbstkonzeptes durch Identifikation mit Schlüsselpersonen

Phase 2: Exploration (15 – 24 Jahre) Einnahme verschiedener Rollen in Schule und Freizeit; Versuch der bewussteren Selbstwahrnehmung

Phase 3: Establishment (25 – 44 Jahre) Versuche der dauerhaften Sicherung einer Position im gewählten Berufsfeld

Phase 4: (45 – 65 Jahre) Bemühung um Erhalt des im mittleren Erwachsenenalter erreichten Platzes in der Arbeitswelt

Phase 5: (66 – 70 Jahre) Verlangsamung und Abbruch der Arbeitsaktivität durch Abnahme der physischen und psychischen Kräfte

In der Weiterentwicklung seiner Theorie stellt Super im Archway Model (1990) die individuellen und soziokulturellen Faktoren in zwei Säulen dar und verbildlicht damit die Entwicklung des beruflichen Selbstkonzeptes. Nach Super übernimmt das Individuum mehr oder weniger bewusst soziale Rollen, welche in ihrer Ausführung zu mehr oder weniger positiven oder negativen Erfahrungen führen können. Das Lernen daraus führt zur Anpassung bzw. weiteren Entwicklung des Selbstkonzeptes. (vgl. Super 1990, S. 200)

Supers Berufswahltheorie scheint unter anderem daher interessant für die schulische Berufswahlorientierung, weil sie von einer aktiven Rolle des Berufswählers/der Berufswählerin ausgeht, der/die in der Reflexion und aktiven Gestaltung des Selbstkonzeptes umfangreiche Eingriffsmöglichkeiten auf den Prozess der Berufswahl und Karriereentwicklung nehmen kann. Hier finden sich Ansatzpunkte beispielsweise für schulische Unterstützungsangebote. Im Gegensatz zu Hollands hexagonalem Modell sieht Super das Individuum nicht als fest in Interessentypen geprägt bzw. dort festgelegt, sondern sieht es in der Rolle des Gestalters/der Gestalterin eines Selbstkonzeptes, welches dann in Kongruenz zu Arbeitsanforderungen im Berufsleben gebracht werden muss. Ausgehend von Supers Berufswahltheorie besteht die Möglichkeit, über die Gestaltung des Selbstkonzepts indirekt Einfluss auf das Berufswahlverhalten zu nehmen. Für die konkrete Entwicklung von Ansätzen der Gewinnung von Männern für den Erzieherberuf finden sich bei Super im Grundsatz damit erfolgversprechende Handlungsansätze beschrieben. So scheint es realisierbar, an der Entwicklung von individuellen Selbstkonzepten zu arbeiten.

3.2.2.4 Der Allokationstheoretische Ansatz

Allokationstheorien fassen ökonomische und soziokulturelle Einflussfaktoren auf die Berufswahl zusammen. Dabei wird darauf abgestellt, dass die Berufswahl und spätere Karriereentwicklung vor allem das Ergebnis der Zuweisung – sprich Allokation –

von beruflichen Möglichkeiten durch die Umwelt des Berufswählers/der Berufswählerin ist (vgl. Seifert 1977, S. 231 – 235). Das Individuum gerät bei diesem Theorieansatz in den Hintergrund. Seifert benennt ökonomische und soziokulturelle Determinanten (vgl. ebd.):

Ökonomische Einflussfaktoren:

- allgemeine Wirtschaftslage, lokale Wirtschaftsstruktur, Struktur der Berufe, Arbeitsmarktlage und Arbeitsmarktpolitik, Einkommensverhältnisse und Verdienstmöglichkeiten,

Soziokulturelle Einflussfaktoren:

- Image und Prestigewert der Berufe, Schichtzugehörigkeit, Familie, Schule, Peergroups, Institutionen der Berufs- und Erziehungsberatung, Wirtschaftliche Interessenverbände.

Direkte Mechanismen (gesellschaftliche Kontrollinstanzen), wie etwa Ausbildungssystem, Bildungszertifikate oder die Bevorzugung bestimmter Gruppen- oder Schichtmitglieder bei Aufnahme- und Selektionsverfahren wirken im allokationstheoretischen Ansatz neben indirekten Zuweisungsmechanismen, wie etwa dem Sozialisationsprozess, in dessen Verlauf Werte und Kenntnisse vermittelt werden, von außen auf den Berufswähler bzw. die Berufswählerin. Von Berufswähler/-in kann allerdings in diesem Ansatz nur bedingt gesprochen werden, da der hier bezeichnete Prozess tatsächlich als weitgehend fremdbestimmt, also nicht als Wahl im eigentlichen Sinne dargestellt wird.

Ein Vertreter des allokationstheoretischen Ansatzes ist Daheim, der in seinem Berufswahlmodell auf der Theorie von Parsons aufbaut. Daheim sieht Gesellschaft dabei als Sozialsystem, das sich aus einem Geflecht von Interaktionsbeziehungen zwischen Rollenträgern konstituiert. Für die Lösung von vier als Grundproblem angenommener Bereiche (Zielorientierung – Anpassung – Integration – Motivation) sind nach Daheim Subsysteme zuständig, die über spezifische, nicht gleichrangige Wertemuster verfügen (vgl. Nowack 2002, S. 36). Nach Daheim bedeutet Berufszuweisung, dass sich aus der Interaktion der Gesellschaftsmitglieder bestimmte Regularien für den Zugang zu bestimmten Positionen herausgebildet haben und dass der Zugang entsprechender Kontrolle unterläge. Zum anderen erfolge Zuweisung durch eine zuvor stattgefundene gesellschaftliche Prägung des Berufswählers / der Berufswählerin, die ihm/ihr den Zugang zu bestimmten Bereichen quasi nahe legt. Diese Regularien bezieht Daheim auf die drei Stufen (1) Wahl der Schulbildung, (2) Entscheidung für eine bestimmte Berufsausbildung, (3) Wahl zwischen Berufspositionen im Verlauf des Arbeitslebens (vgl. Nowack 2002, S. 36-37).

Allokationstheoretische Ansätze unterliegen naheliegender Weise vor allem einer gesellschaftspolitischen Kritik, da sie die Entfaltungsfähigkeit des Individuums im Rahmen eigenen Ermessens nahezu verneinen. Jedoch finden beispielsweise in staatlichen Interventionsmaßnahmen am Ausbildungs- und Arbeitsmarkt angenommene Fremdeinflüsse auf die Berufswahl Berücksichtigung. Diskutiert wird, was vor allem in der Erfahrung erfolgter negativer Prägungen einzelner Schüler/-innen durch ein wenig förderliches soziales Umfeld auch sinnvoll ist, zum Beispiel die Einflussnahme auf sozialisationsfördernde Rahmenbedingungen. Insbesondere für die Bemühungen um eine Sensibilisierung Jugendlicher für die berufliche Orientierung auf ein vermeintlich rollenuntypisches Berufsfeld ist dies sehr gut nachvollziehbar. Hier wird versucht, der im sozialen Umfeld etablierten Rollenzuschreibung im Zusammenhang mit Berufswahl ein Gegenkonzept der Rollenfreiheit gegenüber zu stellen und dieses etwa durch Veranstaltungen im Rahmen des Girls' Day oder neuerdings auch des Boys' Day erfahrbar zu machen.

Als alleiniger Erklärungsansatz für Berufswahlverhalten scheinen allokationstheore-tische Ansätze kaum tauglich, da die Erfahrung der Teilabhängigkeit der Berufs-wahlentscheidungen von der persönlichen Verfasstheit und Orientierung für jede und jeden erlebbar ist. Jedoch ist die Berücksichtigung von außen wirkender Faktoren in der Entwicklung von Bemühungen zur Erweiterung des Berufswahlspektrums von Jungen unabdingbar. Dies folgt allein aus der Annahme, dass soziales Geschlecht durch die Umwelt konstruiert wird.

3.2.3 Berufswahlkompetenz

Schulische Angebote der Studien- und Berufswahlorientierung sollen geeignet sein, individuelle Berufswahlkompetenz zu entwickeln. Unter Kompetenzen versteht man nach Weinert „die bei Individuen verfügbaren oder durch sie erlernbaren kognitiven Fähigkeiten und Fertigkeiten, um bestimmte Probleme zu lösen, sowie die damit ver-bundenen motivationalen, volitionalen und sozialen Bereitschaften und Fähigkeiten, um die Problemlösungen in variablen Situationen erfolgreich und verantwortungsvoll nutzen zu können" (Weinert 2002, S. 27 f.).

Die erfolgreiche Berufswahl junger Menschen ist eine grundlegende Voraussetzung für die Gestaltung der individuellen Lebensperspektiven. Schulische und begleitende Angebote der Berufsberatung setzen deshalb auf die Entwicklung der Berufswahl-kompetenz, im Sinne von Schlüsselqualifikationen, die auch im Berufsleben zuneh-mend an Bedeutung gewinnen (vgl. learnline 2009, o.S.). Diese Kompetenz wird nur im Verlauf eines Prozesses vermittelt, der Zeit und Geduld erfordert, vor allem in der Phase der Adoleszenz, die mit natürlichen Irritationen und Schwankungen in der Selbstfindung einhergeht. Eine möglichst weitgehende Berufswahlkompetenz ist Voraussetzung für eine selbstständige Entscheidung im Sinne der vertrauensvollen

Zusammenarbeit mit den Akteuren in der Berufswahl, vor allem Eltern, Lehrerinnen und Lehrern, Berufsberatern/-innen und Ansprechpartnern/-innen aus Wirtschaft und Hochschule (vgl. ebd.). Sie ermöglicht die Entwicklung eines realistischen Berufs-wahlspektrums.

3.2.4 Geschlechtergerechte Berufswahlorientierung an allgemeinbildenden Schulen

Für die Praxis der Berufswahlorientierung an Schulen und in anderen Bildungsstruk-turen bilden Berufswahltheorien die wissenschaftliche Grundlage. Die Betrachtung der verschiedenen theoretischen Ansätze zeigt dabei, dass das Fehlen einer zusam-menfassenden Berufswahltheorie, die den Gesamtprozess ebenso „im Blick" behal-ten würde, wie die individuellen Aspekte der Berufswahl und die Summe der exter-nen Einflussfaktoren auf Entscheidungen und Entwicklungen, dazu einlädt, jeweils nur Teilbereiche des Prozesses zu betrachten und aus den entsprechenden theoreti-schen Grundlagen stimmige Praxiskonzepte zu entwickeln. Zu berücksichtigen ist, dass Berufswahltheorien jeweils nicht vollständig in die Praxis der Berufswahlorien-tierung übertragbar sind bzw. sich aus einer Theorie nicht unmittelbar eine Hand-lungsanleitung ergeben kann.

So wird es beispielsweise für den Schüler bzw. die Schülerin wenig zielführend sein, allein die allokatorischen Aspekte der Berufswahl zu betrachten ohne auch zu thema-tisieren, dass Berufswahl als Prozess zu betrachten ist, der sich auch an der Entwick-lung des Selbst spiegelt. Die nach Hollands Hexagonalmodell auf eine Person pas-sendsten Arbeitsumwelten zu erheben macht nur Sinn, wenn auch Aspekte letztlicher Entscheidungsnotwendigkeit und –vorbereitung betrachtet werden. Insofern ist die Kenntnis um wissenschaftliche Grundlagen für die Berufswahlorientierung vor allem die Grundlage für eine planvolle Realisierung von Angeboten an Schülerinnen und Schüler sowie später an Berufstätige bzw. Studienabgänger/innen.

Aus der Vielzahl von Blickrichtungen auf die Thematik Berufswahl lassen sich zahlreiche – jeweils perspektivbezogene - Handlungsnotwendigkeiten für konkrete Angebote zur Unterstützung Berufswählender in der Gestaltung des Prozesses der Berufswahl ableiten. In der Summe dieser Handlungsnotwendigkeiten ergeben sich für die geschlechtersensible Berufswahlorientierung, die stereotype Rollenfestschreibungen im Sinne einer Einschränkung des Berufswahlspektrums auf vermeintlich dem eigenen Geschlecht zugeordnete Berufe auflösen will, vier Grundanforderungen:

1. Berufswahlorientierung muss frühzeitig einsetzen. Nur so kann die Prozesshaftigkeit nachvollzogen bzw. kann der Prozess als solcher gestaltet werden.

2. Berufswahlorientierung muss ihren Ausgangspunkt in der Persönlichkeit des/der Schülers/in haben. Angebote sollten auf Interessen und Fähigkeiten der/des Einzelnen ebenso eingehen, wie auf den aktuellen Stand im Prozess der Berufswahl.

3. Berufswahlorientierung muss fächerübergreifend im schulischen Unterrichtsalltag erfolgen und durch außerunterrichtliche Maßnahmen ergänzt werden. Eine Verknüpfung zwischen vermitteltem Fachwissen und Anwendbarkeit in der späteren Berufspraxis erleichtert den Blick auf die Berufswegplanung.

4. Berufswahlorientierung muss als Prozess kontinuierlich erfolgen und dabei die Entwicklung von Berufswahlkompetenz zum Ziel haben.

Die „Hinführung zur Berufs- und Arbeitswelt" wurde 1993 durch die Kultusministerkonferenz (KMK) für die Sekundarstufe I in allen Schulformen vorgeschrieben. Eine Präzisierung hierzu fand jedoch nicht statt. Es gibt kein einheitliches Konzept für die Einbettung berufsorientierender Inhalte in den Lehrplan. Das Themenfeld

Arbeitslehre bzw. Berufsvorbereitung wird teilweise als Fach, im Fächerverbund oder in bestehenden Fächern unterrichtet. Am Gymnasium konzentriert sich die Auseinandersetzung mit diesen Inhalten auf die Klassenstufen 9 und 10 (von Wensierski u.a. 2005, S.50).

Der Vergleich schulischer Konzepte zur Berufswahlorientierung zeigt regelmäßig, dass es in der Ausgestaltung konkreter Aktivitäten in diesem Themenbereich unterschiedlichste Ansätze gibt, die von der einfachen Vermittlung des Wissens über Berufsbilder, über eine Schwerpunktsetzung im Bereich der Persönlichkeitsentwicklung bis hin zur komplexen Verknüpfung verschiedenster Facetten der Berufswahlthematik im Fachunterricht und in außerunterrichtlichen Angeboten reicht. In einer Handreichung der Landesarbeitsstelle Schule – Jugendhilfe Sachsen e.V. zur Arbeit mit dem Berufswahlpass heißt es dazu zum Beispiel: „Die Schulen und ihre Partner leisten über mehrere Schuljahre vielfältige und wertvolle Beiträge zur Berufs- und Studienorientierung. [...] Das große Manko besteht jedoch darin, dass einzelne Beiträge und Inhalte nicht oder nur unzureichend aufeinander abgestimmt sind und für den Jugendlichen im Ergebnis nicht im Sinne einer soliden Orientierungsgrundlage zusammen fließen. Bei vielen Angeboten und Inhalten ist mitunter weder der Schule, dem außerschulischen Anbieter noch dem Jugendlichen bewusst, dass hier für die Berufs- und Studienorientierung relevantes Wissen vermittelt wird und Ergebnisse entsprechend gesichert werden müssen." (Landesarbeitsstelle Schule – Jugendhilfe Sachsen e.V. 2005, S.2).

Basis für eine auf einen bestimmten Schwerpunkt ausgerichtete konzeptionelle Verankerung der Berufswahlorientierung in das schulische Gesamtkonzept ist nicht selten die Existenz eines gerade vor Ort nutzbaren Projektangebotes Freier Bildungsträger, eine bestimmte Interessenorientierung einzelner aktiver Lehrer/-innen oder Eltern (vgl. Braun/Liedtke/Stiebing 2009, S. 7).

Da, wie oben erläutert, keine der bislang bekannten Berufswahltheorien das Potenzial hat, alleinig den Prozess der Berufswahl abschließend zu erklären, ist es geboten, für die Teilbereiche der Berufswahlorientierung jeweils stimmige theoretische Ansätze zu bemühen. So ermöglicht es beispielsweise das hexagonale Modell Hollands, aus zu erhebenden individuellen Interessen weitgehend passende Berufsfelder (berufliche Umwelten) zu erschließen, ohne dass Hollands Modell abschließend ein passgenaues Berufsbild empfehlen könnte. Jedoch ermöglicht es der person-job-fit-Ansatz insbesondere jenen Schülern/-innen eine Orientierungshilfe zu geben, die sich in der Vielfalt der beruflichen Entwicklungsmöglichkeiten nach dem Ende der schulischen Bildung überhaupt nicht zurechtfinden können. Hier wird die Einengung des Berufswahlspektrums möglich, was dann wiederum die weitere Informationseinholung und ggf. Erprobung im entsprechenden Berufsfeld ermöglicht. Der EXPLORIX-Test der Arbeitsagentur nutzt genau dieses Potenzial des person-job-fit-Ansatzes.

An die Akteure schulischer Berufswahlorientierung ist der Appell zu richten, Berufswahlorientierung stärker als bislang ausgehend von der Reflexion theoretischer und praktischer Ausgangslagen zu betreiben. Insbesondere für eine geschlechtergerechte Gestaltung der Unterstützungsangebote ist es unabdingbar, Wirkungsweisen exogener und endogener Einflüsse auf den Entscheidungsprozess zu betrachten und zu berücksichtigen. Zumindest muss von der Position ausgegangen werden, dass eine Vorprägung für den Berufswahlprozess bereits sehr früh erfolgt, dass zahlreiche Einflüsse bedeutend sind. Dabei sind die Schülerinnen und Schüler sich beispielsweise der eigenen Orientierung an Geschlechterstereotypen kaum bewusst. Wären sie es, würden sie bei der Einbeziehung geschlechtsatypischer Ausbildungswege besonders vorsichtig sein (vgl. Driesel-Lange / Hany 2005, S. 22). Sie müssten einen signifi-

kant höheren Informationsbedarf haben und sich sowie das jeweilige berufliche Um-

feld intensiv ergründen wollen. Bewusst atypisches Verhalten bräuchte also zumin-

dest der Begründung gegenüber sich selbst (vgl. ebd.). Tatsächlich aber ist eine sol-

che erhöhte Aufmerksamkeit im Falle geschlechtsatypischer Präferenzen nicht fest-

stellbar (vgl. ebd.), was darauf schließen lässt, dass sie im Bewusstsein der Schüle-

rinnen und Schüler nicht als atypisch präsent sind, die Orientierungsgröße Ge-

schlecht also nicht bewusst wahrgenommen wird.

3.2.5 Möglichkeiten der Sensibilisierung von Jungen im Berufswahlprozess

Berufswahlorientierung für Jungen muss, will sie als gelingend verstanden werden,

einen Beitrag dazu leisten, geschlechterstereotype Begrenzungen auf vermeintlich

„typisch männliche" Berufsbilder zu hinterfragen. Insbesondere die Tatsache, dass

der bisher männlich konnotierte Bereich des produzierenden Gewerbes insgesamt an

Bedeutung im deutschen Wirtschaftsgefüge verliert.

Der aktuelle Trend weist weiterhin auf die wachsende Bedeutung von Dienstleis-

tungstätigkeiten in allen Wirtschaftsbereichen. Dagegen gehen Arbeitsplätze in Pro-

duktion und Fertigung zahlenmäßig deutlich zurück (vgl. Dostal / Reinberg 1999, S.

2f.). Bei den sekundären Dienstleistungen, also im Bereich von For-

schung/Entwicklung, Organisation und Betreuung/Beratung/Lehren wurden demnach

mehr als eine halbe Mio. zusätzliche Arbeitsplätze für Männer und über 850.000 für

Frauen erwartet (vgl. ebd.). Dieser Trend setzt sich fort. Die deutlich männlich kon-

notierten Wirtschaftsbereiche bieten immer seltener sichere Zukunftsperspektiven.

Insofern ist es naheliegend, Jungen auch solche Berufszweige zu eröffnen, die dem

Arbeitsmarkttrend folgend zukunftssicherer erscheinen.

Der Beruf des Erziehers zählt zu den zukunftssicheren. Ihm Bedeutung im Berufswahlspektrum von Jungen zu verschaffen, wird vor allem über das Aufgreifen jener Aspekte gelingen, die Jungen bislang davon abhalten, sich überhaupt auf bislang weiblich konnotierte Berufsfelder einzulassen. Insbesondere die vermeintliche Festschreibung von Geschlechterrollen führt zu einem solchen Ausschluss. Gelingende Berufswahlorientierung für Jungen im Sinne der Öffnung für geschlechtsatypisches Berufswahlverhalten muss die Interessen und Verhaltensweisen von Jungen aufgreifen.

So spricht Guggenbühl (2006) beispielsweise vom „Prahlen als Potenzial" bzw. der Nutzbarmachung der Grandiosität der Jungen (S. 175 f.). Die überhöhten Selbstbilder mit denen Jungen häufig agieren, bergen demnach wichtige Ressourcen. So versetzen grandiose Fantasien sie in gute Stimmung, motivieren zur Erreichen von Zwischenzielen. Grandiosität ist für Jungen ein Selbstmotivationsmechanismus, ihn kreativ zu nutzen statt ihn als narzisstische Selbstüberschätzung abzutun ist ein möglicher Schlüssel zum Vordringen in die fantasievolle Gefühlswelt der Jungen, aus der sich die Vorstellungen zur Gestaltung des eigenen Lebens speisen (vgl. a.a.O., S. 176).

Anders als bei Mädchen verwandeln Jungen Tätigkeiten oder Aufgaben in ein Abenteuer oder Experiment. Sie wollen den Dingen gern selbst auf den Grund gehen (vgl. a.a.O., S. 99f). Davon ausgehend werden Jungen eher an Angeboten Interesse finden, die ihnen die Möglichkeit des eigenen Gestaltens geben. Die Erkundung von Berufen wird besser gelingen, wenn sie verbunden ist mit der Realisierung eines eigenen kleinen Projekts.

4. Frühe Grundlagen – Rollenoffenheit als Thema in den Bildungs- und Beschäftigungsangeboten der Kindertagesstätte.

Die Kita in ihrer Funktion als erste Instanz der Familienloslösung von Jungen und Mädchen (vgl. Böhnisch / Funk 2002, S. 155) gibt Jungen die Möglichkeit, männliche Identifikationsfiguren zu finden. Dies geschieht beispielsweise in der Bildung von Jungenclicquen, in denen vermeintlich typisch männliches Verhalten erprobt und eingeübt wird (vgl. a.a.O., S. 156). Gerade in dieser wichtigen Lebensphase brauchen Jungen männliche Vorbilder mit unterschiedlichen Verhaltensweisen. Das sind Väter ebenso, wie männliche Erzieher und ggf. weitere Männer, die in der Kita bzw. deren Umfeld tätig sind. Nicht selten ist der Hausmeister erster Ansprechpartner für Jungen in der Kita oder wird von den Erzieherinnen bemüht, wenn es darum geht, Jungen in den letzten Jahren vor dem Beginn der Schulphase eine Orientierungsperson zu geben.

Nur wenige empirische Ergebnisse gibt es zu Auswirkungen der pädagogischen Tätigkeit im engeren Sinn auf die geschlechtsbezogene Entwicklung für die Altersgruppe der 0- bis 3jährigen (vgl. Rohrmann 2009, S. 98). Fast keine wissenschaftlichen Aussagengibt es zur Umsetzung geschlechterbewusster Pädagogik in der Arbeit mit diesen Kindern (vgl. ebd.). Inwieweit also bereits in der frühen Betreuungsphase Möglichkeiten der positiven Gestaltung von Rollenzugängen bestehen, ist kaum belegt. Rohrmann (2009) verweist hierzu jedoch auf Niesel (2006): „Bemerkenswert ist [...] ein Auszug aus der Konzeption der Kinderkrippen der Stadt München (Niesel 2006, S. 7f.), die beispielhaft für die pädagogische Grundhaltung einer geschlechterbewussten Pädagogik ist. In der Konzeption wird u.a. auf folgende Aspekte hingewiesen:

- Die Geschlechter werden in Bilderbüchern, Liedern und Fingerspielen unterschiedlich dargestellt. Dass Jungen, Männer und männliche Phantasiewesen deutlich häufiger vorkommen als Mädchen usw., erweckt bei Kindern den Eindruck, dass Jungen „wichtiger" sind.

- […] Auch Jungen werden durch geschlechtstypische Sozialisation in ihrer individuellen Entwicklung behindert. So lenken Mütter das Interesse von Jungen oft schon früh mehr auf Objekte, wogegen sie bei Mädchen stärker auf akustische Reize reagieren und sie stärker an ihren Blickkontakt binden. Möglicherweise trägt dies dazu bei, dass Jungen sprachlich weniger gefördert werden als Mädchen" (ebd.).

Als Konsequenz werden die Berücksichtigung der Genderthematik in der Gestaltung des Krippenalltags und das Herausstellen individueller Eigenschaften als Alternative zu geschlechterbezogenen Zuschreibungen gefordert (vgl. ebd).

Geschlechtersensibilität, verstanden als Grundhaltung in der pädagogischen Arbeit in Kindertagesstätten oder als Querschnittsaufgabe, wird dazu beitragen, dass Kinder die Möglichkeit des Erlebens geschlechtsatypischer Erfahrungsmomente erhalten und Alternativen zur vermeintlich festgeschriebenen Zuweisung von Rollenmustern aufgezeigt bekommen. Der Thüringer Bildungsplan beschreibt hierzu: „Diese unterschiedlichen Konstellationen [in Familien] prägen das geschlechtsbezogene Rollenverständnis der Kinder vom Beginn ihres Lebens an. […] Jungen und Mädchen brauchen jedoch Erfahrungsräume, um mit geschlechtsuntypischen Möglichkeiten zu experimentieren" (TMBWK 2008, S. 24f.). Insbesondere das Erleben solcher Alternativen kann ein Beitrag dazu sein, dass Jungen das „Soziale" nicht aus dem Spektrum der vorstellbaren Erwerbstätigkeiten ausblenden. Wichtig ist hier die aktive Schaffung von Anreizen zur Auseinandersetzung mit den außerhalb der Kita – beispielsweise im Familienzusammenhang – wahrgenommenen Rollenbildern und Zu-schreibungen. Eine Reflexion solcher Angebote mit den Eltern ist dabei unerlässlich.

5. Orientierung am Vorbild – Bedeutung des Vaters für Interessenentwicklung und Berufswahl von Jungen

Der Vater spielt in der Entwicklung eines Kindes eine nicht zu vernachlässigende Rolle. Diese Bedeutung kommt ihm ebenso in der Präsenz wie auch in der möglich-erweise geringen Präsenz oder seinem gänzlichen Fehlen zu. An dieser Stelle soll die Bedeutung des Vaters für Jungen betrachtet werden, da angenommen werden kann, dass der Prozess des „Mannwerdens" von Jungen in seinem jeweils unterschiedli-chen Verlauf Einfluss auf die allgemeine Interessenausbildung hat. Wie weiter oben bereits beschrieben, ist es in der Phase der ersten Familienloslösung, bei Eintritt in die Kindertagesstätte also, von großer Bedeutung, dass Jungen und Mädchen männli-che Vorbilder erleben (vgl. Böhnisch / Funk 2002, S. 156f.). Jungen brauchen sie, um nicht in den „Strudel der männlichen Idolisierung von Männlichkeit und der Ab-wertung des Weiblichen gelangen" (a.a.O., S. 158), wenn sie nicht erleben können, dass Männer und Frauen Gleiches und Gleichwertiges tun können. Für die Mädchen wiederum braucht es männlicher Personen, die in ihrem Tun eine „korrektive Span-nung" zum Agieren der Jungen aufbauen und sie Männlichkeit somit differenziert wahrnehmen lassen (vgl. ebd.). Darüber hinaus ist die männliche Präsenz im Kita-Alter für Mädchen auch als Beitrag zur Loslösung von der alleinigen Zuschreibung des Mütterlichen in sich und ihrem Rollenverständnis zu werten. Im Erleben der Gleichwertigkeit des Tuns von Mann und Frau werden sie ermutigt, auch vermeint-lich „Männliches" für sich zu erproben und sich anzunehmen (vgl. ebd.). Da indivi-duelle Interessen das Berufswahlspektrum bedingen, kann die Rolle des Vaters also

Einfluss auf den Zugang zu bestimmten Bereichen der Berufswelt, letztlich auf eine mögliche Offenheit für Berufe in der Sozialen Arbeit, haben.

Ausgehend von dieser angenommenen Bedeutung des Vaters bzw. der Vater-Sohn-Beziehung für die Ausbildung von Interessen und Lebensplanungen ergibt sich einerseits naheliegend eine besondere Bedeutsamkeit der Einbeziehung von Vätern in eine frühzeitig angelegte Sensibilisierung von Jungen für bislang weiblich konnotierte Berufe. Andererseits ist die männliche Präsenz in Kindertagesstätten auch als Präsenz von Vätern im Kita-Alltag mit zu denken, wenn eine grundlegende Infragestellung tradierter Rollenvorstellungen bei Kindern schon früh erreicht werden soll.

5.1 Zur Rolle des Vaters in der Erziehung

Väter verhalten sich in der Erziehung ihrer Söhne grundlegend anders, als gegenüber ihren Töchtern. So stellen sie etwa höhere Anforderungen und stellen die Stärkung der Autonomie des Sohnes stärker in den Mittelpunkt (vgl. Bereswill 2006, zit. nach Hertling 2008, S. 29). Weitere Unterschiede liegen beispielsweise in der größeren Strenge in der Erziehung, der häufigeren Ermahnung, wenn die Söhne mit vermeintlichem „Mädchenspielzeug" spielen (vgl. Maccoby 2000, zit. nach Hertling 2008, S. 29) oder in der Verstärkung des Konkurrenzdenkens, das als „typisch männlich" angesehen wird (vgl. Hertel 2008, S. 30). Die Dominanz solchen Vaterverhaltens bringt Jungen spätestens dann in Konflikte, wenn es nicht den eigenen Intentionen entspricht, wenn also beispielsweise sportliches Konkurrenzverhalten nicht das individuelle Interesse widerspiegelt oder weiblich konnotiertes Spielzeug den eigenen Beschäftigungswünschen eher zusagt. Dies wird regelmäßig zur Abwägung zwischen den eigenen kindlichen Interessen und der unbedingten Orientierung am Vater als Vorbild führen müssen und regelmäßig dazu führen, dass den eigenen Interessen zugunsten der Nachahmung des Vaters abgesagt wird (vgl. ebd.). Eine gut reflektierte Erziehungsarbeit greift daher diesen möglichen Konflikt auf und gibt Möglichkeiten zu seiner Austragung zwischen Vater und Sohn. Sie ermöglicht damit die Entwicklung und Stärkung als eigen erkannter Interessen und relativiert die bedingungslose Orientierung am väterlichen Vorbild. So wird das väterliche Verhalten zu einer Größe, an der sich bedingt und in Abwägung zu den eigenen Wünschen und Vorhaben orientiert werden kann. Aigner (2001) stellt darauf ab, dass für eine positive Vatererfahrung nicht die Quantität der väterlichen Anwesenheit entscheidend sei, sondern vielmehr die Qualität (Aigner 2001, S. 333). In der Befragung von Vätern äußerten diese, dass es ihnen wichtig war, dem Vater wichtig zu sein. Die Wahrnehmung des Vaters als verlässliche Person, die Entwicklung einer inneren Verbundenheit ist demnach auch möglich, wenn der Vater nicht sehr viel Zeit mit dem Sohn (oder der Tochter) verbringen kann (Engelfried 1997, zit. nach Aigner 2001, S. 333).

Ist der Vater in der Erziehung nicht oder kaum präsent, so mindert dies nicht seine Bedeutsamkeit für die kindliche Entwicklung. Als Mysterium bzw. nicht greifbare Vorbildfigur – ein Vater gehört schließlich zur wahrgenommenen und vermittelten „Normalität" einer Familie – wirkt zumindest die Vorstellung, wie er im Falle seiner Anwesenheit sein müsste oder sollte. So spiegelt sich die kindliche Entwicklung am selbst konstruierten Vaterbild und damit letztlich an den durch die Umwelt offen oder verschlüsselt formulierten Erwartungen. Diese soziale Umwelt bildet allzu häufig Klischees und Rollenzuschreibungen ab, die dann durch das Kind übernommen werden. Im Falle der wenigstens gelegentlichen Erziehungsbeteiligung des Vaters nehmen Kinder ihn nicht selten als in der Erziehung hilflos oder distanziert wahr (vgl. Hertling 2008, S. 31). Belastbare Vater-Sohn-Beziehungen können nur in der alltäglichen Bewährung wachsen. Weitgehende Erziehungsabstinenz des Vaters überlässt die Unterstützung in der Bewältigung des kindlichen Alltags wesentlich der Mutter und sorgt damit dafür, dass das Vertrauen in die Unterstützungsfähigkeit des Vaters sinkt bzw. gänzlich abhandenkommt. Eine solche Erfahrung des Sohnes wird sich unter Umständen im eigenen Engagement als Vater zu späterer Zeit negativ widerspiegeln. Zudem vermittelt sie dem Sohn eine ausschließliche Zuständigkeit der Mutter für Erziehungs- und Familienarbeit. Im Zusammenklang mit der Wahrnehmung, dass nahezu ausschließlich Frauen als professionelle Arbeiterinnen in den Bereichen Erziehung, frühe Bildung und Pflege tätig sind, verfestigt sich schnell die Vorstellung, Arbeit am und mit Menschen sei eine ausschließlich weibliche Domäne. Die Wirkung auf das eigene Berufswahlverhalten von Jungen ist hier also absehbar.

Am Rande sei hier erwähnt, dass sich aus der Alltagsrealisierung im ausschließlichen oder nahezu ausschließlichen Mutter-Sohn-Verhältnis ein weiterer Konflikt für den Sohn ergibt. Fehlen nämlich greifbare männliche Vorbilder, so wird neben dem Mysterium Vater ein dominantes Klischee zum Verhältnis zwischen Männern und Frauen zur mitentscheidenden Orientierungsgröße. Dieses immer noch mehrheitlich getragene Klischee besagt, dass ein wesentliches Kriterium im Verhältnis beider Geschlechter deren grundsätzliche Unterschiedlichkeit sei (vgl. Hertel 2008, S. 1). Egal also, wie der Sohn sich im Detail verhält, wichtig scheint ihm dann im Ausleben von als wahrhaft empfundener Männlichkeit die Unterschiedlichkeit zu allen weiblichen Verhaltensweisen. Werden die zahlreichen in der Umwelt erlebbaren Frauen in ihrer individuellen Unterschiedlichkeit erlebt, so bleibt dem Orientierung suchenden Sohn kaum etwas anderes übrig, als sich - ausgehend vom als antagonistischen gesehenen Geschlechterverständnis - in Opposition zu all diesen Verhaltensweisen zu begeben. Dies mag ein wesentlicher Grund für die häufig beschriebene Verhaltensauffälligkeit von Jungen und ein nicht selten schwieriges Mutter-Sohn-Verhältnis sein. Insbesondere die jüngste Debatte, die Jungen als Bildungsverlierer sieht, zeigt die verbreitete spätere Wirkung auf individuelle Bildungsbiografien und damit auf die Zugangsmöglichkeiten ins Berufsleben. Eben dieser Zugang zum Berufsleben orientiert sich maßgeblich am Bildungserfolg.

Nicht unerwähnt soll bleiben, dass sich unter bestimmten Umständen die Abwesenheit des Vaters für die kindliche Entwicklung und damit auch die Entwicklung von Jungen als eher förderlich erweisen kann. Insbesondere wenn eine belastete Beziehung zwischen Vater und Mutter Familienleben und Erziehungsverhalten negativ beeinflusst, kann die Herstellung von Distanz zum Vater bei Sohn und Mutter als Erleichterung und Verbesserung der allgemeinen Lebenssituation empfunden werden. Dies hat naheliegend Auswirkungen auf die persönliche Entfaltung und kann dieser sehr förderlich sein. Oft wird in solchen Situationen das Fehlen des Mannes durch die Mutter mit der Entwicklung von sozialen Netzwerken kompensiert, die wiederum Möglichkeiten der Orientierung auch für den Sohn bieten (vgl. Aigner 2001, S. 160).

5.2 Väterpräsenz in der Kindertagesstätte

Allein aus der oben beschriebenen Bedeutung des Vaters für die kindliche Entwicklung erschließt sich schon die Notwendigkeit der Berücksichtigung von Vätern in der Arbeit der Kindertagesstätten. Dabei ist im Sinne eines ganzheitlichen Professionsverständnisses zum einen die Förderung einer aktiven Erziehungsbeteiligung beider Eltern bedeutendes Aktionsfeld. Kita kann Eltern Hinweise und Impulse für eine gelingende Erziehungsarbeit mit auf den Weg zu geben. Das dazu notwendige grundlegende Verständnis von der Kita als Teil im Gesamtsystem Erziehung und Bildung ist heute etabliert. Nicht selten konzentriert sich die Kommunikation zwischen Kita und Elternhaus dabei auf den Austausch zwischen Erzieherin und Mutter. Vor dem Hintergrund traditionell auf die Mutter abgestellter „Zuständigkeit" für die Unterbringung des Kindes in einer Kindertagesstätte und für die Realisierung der damit verbundenen Aufgaben im Familienzusammenhang, ist dies naheliegend. Zudem ist anzunehmen, dass Erzieherinnen die Kommunikation mit Vertreterinnen ihres Geschlechts – auch vor dem Hintergrund möglicher eigener Erfahrungen in der Rolle als Mutter – leichter fällt. So werden die Alltagserfahrungen der Kinder in der Kita nahezu ausschließlich aus weiblicher Perspektive reflektiert und begleitet. So wie der Vater zu Hause nur die „Essenz" der Kommunikation zwischen Erzieherin und Mutter vermittelt bekommen kann, wird die Erzieherin in der Kita den notwendigen Einblick in das Familienleben nur aus der Perspektive der Mutter und des Kindes erhalten.

Wichtig sind daher unter anderem Angebote wie Väternachmittage, in denen Kontaktmöglichkeiten zwischen Erzieher/innen und Vätern entstehen und in denen Kinder ihre Väter im Spiel erleben, ihnen zugleich „ihre Welt" zeigen können (vgl. Böhnisch / Funke 2002, S. 157). Väter lernen so den Kita-Alltag und die Bedürfnisse ihres Kindes in dieser „Welt" kennen und können aus dieser erlebten Wirklichkeit heraus das eigene Verhalten anpassen. So neigen sie unter Umständen weniger dazu, ihren Kindern nur den „einfallsreichen und starken Vater vorzuspielen, ihnen Events und Ausnahmesituationen anzubieten" (ebd.). Vielmehr können sie Anerkennung für ihre Präsenz im Alltäglichen des Kindes erhalten und darüber ihre Wichtigkeit als Orientierungsgröße für die Alltagsrealisierung ihres Kindes erkennen.

Väter in der Kita präsenter zu machen bedeutet das Erschließen neuer zusätzlicher Perspektiven auf das Lebensumfeld der betreuten Kinder und damit das Einholen von Anregungen für die Bildungs- und Betreuungsangebote. Das neu entstehende umfassendere Bild vom familialen Umfeld des Kindes ermöglicht zudem ein frühzeitigeres Erkennen möglicher Problemkonstellationen. Und nicht zuletzt verpflichtet die väterliche Präsenz in der Kita die Erzieherinnen auf die Anpassung ihrer Kommunikation mit Eltern, also auf die Erweiterung ihres „Kommunikationsrepertoires". Väter müssen anders angesprochen werden, kommunizieren zu anderen Themen und sehen Probleme auf eine sich von der mütterlichen Sicht unterscheidende Art (vgl. Cremers et al. 2010, S. 57).

Nehmen Väter die Kita als Teil der Lebenswelt ihres Kindes wahr, interessieren sich hierfür und gestalten durch ihre Präsenz diesen Teil von Lebenswelt mit, so werden sie ganz selbstverständlich in der Gestaltung von Erziehung im familialen Kontext darauf zurückgreifen, Bezug nehmen und hierhin verweisen. Väter aktiv in die Elternarbeit der Kita einbeziehen bedeutet schlussendlich also auch, sie als an Erziehung Teilhabende zu fördern. Im Sinne des hier behandelten Themas ‚berufliche Orientierung von Jungen auf Tätigkeitsfelder in der Sozialen Arbeit' ist dies ein Beitrag dazu, dass Jungen ihre Väter als sozial, erziehend, interessiert und beteiligt wahrnehmen. Das Erleben dieser Fähigkeiten beim eigenen Vater, der als Orientierungsgröße ja eine besondere Bedeutung hat, wird sie dem Sohn als „normal" bzw. nicht als „unmännlich" erscheinen lassen. Im späteren Prozess der Konkretisierung von beruflichen Wünschen und Perspektiven ist dies ein wesentlicher Beitrag zur Verhinderung rollenstereotyper Einschränkungen des individuellen Berufswahlspektrums (vgl. a.a.O., S. 12).

Schließlich hat väterliche Präsenz in Kindertagesstätten noch eine bemerkenswerte Folge. Sie werden „männlicher". Auf aktive Väter gehen Erzieherinnen gern zu, wenn es um die Realisierung von körperlich anstrengenden Aufgabenstellungen, wie etwa der Gestaltung des Spielplatzes oder dem Malern des Gruppenraumes, geht.

Übernehmen Väter solche Aufgaben, werden sie bewusst oder unbewusst männliche Einflüsse in die Gestaltung einbringen. Sind Väter in der Kita Normalität, werden sie hier auch miteinander kommunizieren, sich die dafür notwendigen Plätze und Gelegenheiten schaffen bzw. einfordern, zu Elternabenden hierfür Freiräume suchen.

Zudem wird ein Klima entstehen, in dem sich ob der bestehenden Männerpräsenz einerseits männliche Erzieher wohl fühlen und zurecht finden, in dem sich andererseits aber auch die Erkenntnis entwickeln wird, dass es überhaupt männliche Erzieher in der Kita braucht. Nicht zuletzt wird das an anderer Stelle behandelte Thema „Generalverdacht" im Kreise von Erzieherinnen, Müttern und präsenten Vätern unter Umständen anders behandelt, wenn Männer in Form der Väter als Teil der Erziehungsarbeit Leistenden tagtäglich erlebt werden.

Das Bemühen um die Gewinnung von Männern für den Erzieherberuf muss die Schaffung eines für Männer annehmbaren Gesamtklimas in der Kindertagesstätte beinhalten. Eine wie oben beschriebene Entwicklung aktiver Väterarbeit ist als ein wichtiges Element in diesem Bemühen zu sehen. Väterarbeit ist insofern mehr als nur die Einflussnahme auf die elterliche Erziehungsarbeit. Sie ist zugleich ein Beitrag zur Herstellung von Geschlechtergerechtigkeit im bis dato insgesamt weiblich konnotierten Handlungs- und Berufsfeld Kita.

6. Neue Wege gehen - Netzwerke und Projekte zur geschlechtergerechten Berufswahlorientierung für Jungen

Die Notwendigkeit der Erweiterung des Berufswahlspektrums von Jungen ist mittlerweile erkannt. Auch scheint es Einigkeit darin zu geben, dass diese Aufgabe nicht einem einzelnen Akteur im Entwicklungsprozess der Jungen zuzuschreiben ist. Aus diesem Verständnis heraus werden von unterschiedlichen Akteuren Angebote der geschlechtergerechten Berufswahlorientierung für Jungen entwickelt, die sich regelmäßig als Teil einer auf die besonderen Bedürfnisse von Jungen ausgerichtete Jugendarbeit verstehen lassen. Sie ergänzen damit die Angebote der Berufswahlorientierung, die sich an Mädchen richten und versuchen, diese unter anderem für Berufe und Studiengänge im Bereich der MINT-Fächer (Mathematik, Informatik, Naturwissenschaften) zu interessieren.

Grundsätzlich zu unterscheiden sind dabei Angebote der Studien- und Berufswahlorientierung, die im Rahmen gemeinschaftlicher Auseinandersetzung die besonderen Bedürfnisse von Jungen und Mädchen aufgreifen und damit geschlechtersensibel wirken und solche, die sich speziell an die Vertreter/innen jeweils eines Geschlechts richten.

6.1 Jungenarbeit als Teilbereich der Jugendarbeit

Jungen brauchen im Prozess der Studien—und Berufswahlorientierung sowie in ihrer Verortung im Leben überhaupt zumindest zum Teil besondere Angebote der Unterstützung und Begleitung. So äußern sie beispielsweise den Wunsch, in Partnerschaften egalitäre Partnerschaftsmodelle auszuhandeln und zu leben (vgl. Lemmermöhle / Nägele 1999 zit. nach Boldt 2001, S. 99). Die Vereinbarkeit von Beruf und Familie gewinnt als Thema in der männlichen Berufsorientierung an Bedeutung (vgl. ebd.). Entsprechung muss dies in den prozessbegleitenden Angeboten für Jungen finden. Was als Selbstverständlichkeit erscheint, findet seine Umsetzung in den Angeboten der Jugendarbeit erst seit einigen Jahren in Form der organisierten Jungenarbeit. „Die Jungenarbeit ist der Teil der Jugendarbeit, der, als Komplement zur Mädchenarbeit, speziell auf die Arbeit mit Jungen, ihre Sorgen und ihre Wünsche zugeschnitten ist. Die Geschlechtertrennung ermöglicht dabei einen offeneren Umgang der Jungen untereinander und mit [...] Jugendhelfern" (Dokumentationsstelle Jungenarbeit 2011, o.S.). Die Jungenarbeit unterscheidet sich von der Jungenpädagogik unter anderem dadurch, dass sie ausschließlich oder zumindest (hier gibt es unterschiedliche Interpretationen) vorwiegend von Männern angeleitet wird. Jungenarbeit setzt auf die Potenziale der Jungen und auf die Schaffung eines geschützten Raums, in dem Jungen unter sich sind. Jungen scheinen in Abwesenheit der Mädchen besser miteinander reden und sich leichter zueinander verhalten zu können (vgl. Boldt 2001, S. 26). Boldt benennt für die Arbeit in Jungengruppen unter anderem die Prinzipien Verschwiegenheit, männliche Leitung, Klarheit, Subjektorientierung und Freiwilligkeit (vgl. a.a.O., S. 27ff.). Dabei geht es vor allem darum, Jungen die Möglichkeit einzuräumen, alternativ zu den vermeintlich vorgegebenen Handlungsschemata Ideen und Handlungsansätze kennenzulernen und zu erproben, sich letztlich also ein Spektrum an Optionen für die Gestaltung ihres Lebens – beispielsweise in Vereinbarung von Familie und Beruf – zuzulegen. Neben der Studien- und Berufswahlorientierung greift die Jungenarbeit eine Vielzahl lebensweltnaher Themen auf. Sie agiert dabei im schulischen Raum ebenso, wie in der offenen Kinder- und Jugendarbeit und in Vereinsstrukturen. Ansätze für die Reflexion männlicher Lebensentwürfe und die Entwicklung neuer Perspektiven jenseits tradierter Rollenzuschreibungen finden sich in der Jungenarbeit vor allem aufgrund des für Jungen sicheren Rahmens. Der Versuch der Gewinnung von Jungen und Männern für die Ausübung von Berufen in der Sozialen Arbeit muss unter Nutzung solcher Möglichkeiten des Erreichens von Jungen erfolgen. Dabei sind männliche Jungenarbeiter bestens geeignete Orientierungsgrößen für die Jungen, leben sie doch praktisch ihre Identifikation mit einem sozialen Beruf und ihr allgemeines Rollenverständnis vor.

6.2   Netzwerk Neue Wege für Jungs

Im Blick auf verschiedene Akteure im Bereich geschlechtergerechter Berufswahlorientierung für Jungen darf das Netzwerk „Neue Wege für Jungs" nicht fehlen. „Neue Wege für Jungs" ist ein bundesweites Netzwerk und Fachportal, das seit 2005 Initiativen und Träger unterstützt, die schulische und außerschulische Angebote für Jungen zur Erweiterung der Berufs- und Studienfachwahl, der Flexibilisierung männlicher Rollenbilder und zum Ausbau sozialer Kompetenzen organisieren (vgl. Neue Wege für Jungs 2011, o.S.). Im Netzwerk arbeiten derzeit 185 Vereine, Initiativen und Projekte aus dem gesamten Bundesgebiet mit (vgl. ebd.). Mit der Initiierung des Netzwerks reagierten das Bundesministerium für Familie, Senioren, Frauen und Jugend (BMFSFJ) und das Kompetenzzentrum Technik, Diversity, Chancengleichheit e.V. auf die wahrgenommene Veränderung in den Anforderungen an Jungen und junge Männer in deren Berufs- und Lebenswegplanung. Insbesondere der Wandel von der Industrie- zur Dienstleistungsgesellschaft sorgt für den Abbau von Arbeitsplätzen in überwiegend männlich konnotierten Berufsfeldern, eröffnet zudem aber auch neue berufliche Perspektiven für Männer (vgl. ebd.).

Das Netzwerk „Neue Wege für Jungs" stellt Akteuren der Jungenarbeit und der geschlechterreflektierten Studien- und Berufswahlorientierung, Vereinen, Initiativen, Schulen, politischen Interessensvertretungen und interessierten Eltern Informationen und didaktische Materialien zur Auseinandersetzung mit dem Thema „männliche Perspektiven in einer sich verändernden Berufswelt" zur Verfügung. Es agiert dabei als Mittler zwischen den verschiedenen Akteuren und als Lobbyorganisation gegenüber Politik, Wirtschaft und Medienlandschaft.

Seit dem Jahr 2011 begleitet „Neue Wege für Jungs" den bundesweit stattfindenden Boys' Day – Jungenzukunftstag. Als Ergänzung zum seit 2001 stattfindenden Girls'

Day können Jungen an diesem Tag solche Berufe erkunden, die traditionell überwiegend von Frauen ausgeübt werden (Initiative Boys' Day 2011, o.S.). Damit bietet dieser Tag eine Möglichkeit des praktischen Erlebens von Berufsbildern, die Jungen eher selten im individuellen Berufswahlspektrum vorhalten. Solches Erleben kann ein Beitrag zur Annäherung an diese Berufsbilder sein und damit Wege zur weiteren Auseinandersetzung mit Anforderungen und Perspektiven in diesen Berufen öffnen. Auch der Erzieherberuf wurde in zahlreichen Angeboten zum Boys' Day 2011 vorgestellt. "Genieße den Tag, denn Du wirst erstaunt sein, was kleine Kinder (unsere "Spatzen") im Alter bis 3 Jahre schon alles können. Begleite das Team und mache eigene Erfahrungen mit unseren Spatzen, wie z.B. beim Spaziergang, beim Spielen, Singen und Basteln, beim Kochen und Essen helfen oder beim Vorlesen. ZIEL des heutigen Tages soll sein: Das Kennenlernen und Wertschätzen sozialer Tätigkeiten, das Aufbrechen fester Rollenvorstellungen von typischen Männer- und Frauenberufen und die Möglichkeit, Dich für soziale Berufe zu begeistern!" (SpatzenNest e.V. 2011, o.S.). Mit diesen Worten warb eine Kita in Eberbach für ihr Angebot zum ersten bundesweiten Boys' Day und fand auf Anhieb einen interessierten Teilnehmer. Insgesamt standen bundesweit über 34.000 Plätze für Jungen zur Verfügung (Initiative Boys' Day 2011, o.S.).

6.3 Bundesprogramm ‚MEHR Männer in Kitas'

Unterstützung erhält das Vorhaben der nachhaltigen Erhöhung des Männeranteils im Erzieherberuf seit Anfang des Jahres 2011 im Rahmen des ESF-Modellprogramms „MEHR Männer in Kitas". Mit diesem Programm will das Bundesministerium für Familie, Senioren, Frauen und Jugend (BMFSFJ) „die Entwicklung und Implementierung von Strategien zur Steigerung des Anteils männlicher Fachkräfte in Kindertagesstätten voranbringen" (ESF-Regiestelle 2011, o.S.). Im Rahmen des Programms sollen unter anderem das Interesse von Jungen und Männern am Erzieherberuf geweckt und Perspektiven im Berufsfeld Kita entwickelt werden. Umgesetzt wird das Modellprogramm unter anderem von 16 Modellprojekten in verschiedenen deutschen Bundesländern (vgl. ebd.). Als Wirkungsziel des Programms ist dabei das mittel- bis langfristige Erreichen eines Männeranteils am pädagogischen Fachpersonal der Kindertagesstätten von 20 % formuliert, das unter anderem durch die Entwicklung und Erprobung innovativer Konzepte, deren Dokumentation und Übertragung erreicht werden soll (vgl. ebd.).

„Eine Vielzahl unterschiedlicher Projekte und Maßnahmen, wie Info-Busse, Schüler-Praktika, Schnuppertage, Freiwilligendienste und Mentorenprogramme werden eingesetzt und evaluiert. Hinzu kommen aktive Väterarbeit, die Auseinandersetzung mit dem Thema „Geschlecht" sowohl während der Berufsfindung junger Männer wie auch im Kita-Alltag. Runde Tische und Netzwerke männlicher Erzieher werden dazu beitragen, in ganz Deutschland mehr Männer für den Beruf des Erziehers zu gewinnen und sie langfristig dafür zu begeistern" (Koordinationsstelle Männer in Kitas 2011 (a), o.S.). Die Ausstattung dieses Programms mit insgesamt bis zu 13 Millionen Euro deutet darauf hin, welche Bedeutung dem Thema Männer in Kindertagesstätten im zuständigen Ministerium auf Bundesebene und auch auf Ebene der Europäischen Union, die eine Förderung über den Europäischen Sozialfonds beiträgt, beigemessen wird.

7. Fazit

Männer in Kindertagesstätten, das ist heute längst nicht mehr die Idee davon, Exoten in ein eigentlich frauenbesetztes Berufsfeld zu bringen. Vielmehr ist die männliche

Präsenz im pädagogischen Fachpersonal der Kindertagesstätten akzeptiertes Muss im Sinne einer geschlechtergerechten Umgestaltung des Berufsbildes Erzieher/in und des Aktionsfelds Kindertagesstätte. Männer sind im Erzieherberuf akzeptiert und erwünscht.

Die Wege zur Erhöhung des Männeranteils in Kindertagesstätten sind vielfältig. Sie beginnen bei der grundsätzlichen Sensibilisierung von Jungen und Männern für die Möglichkeit und Sinnhaftigkeit des Hinterfragens tradierter Rollenbilder. Gefordert sind hier all jene, die an der Entwicklung individueller Vorstellungen vom Lebensweg teilhaben – als Vorbild, als Begleiter/in, als Ratgebende/r. Eltern, Erzieher/innen, Lehrer/innen, Sozialarbeiter/innen in der offenen Kinder- und Jugendarbeit – sie alle können einen Beitrag dazu leisten, dass sich Jungen und junge Männer nicht selbst einschränken, indem sie ihr Berufswahlspektrum auf vermeintlich „typische" Männerberufe reduzieren. Dabei wird es nicht genügen, Jungen in der Schule mit den Möglichkeiten der Berufstätigkeit als Erzieher zu konfrontieren, wenn sie nicht eine grundsätzliche Offenheit gegenüber Berufsbildern der sozialen Arbeit haben. Der Vater, der zu Hause Familienarbeit ganz selbstverständlich leistet, die Erzieherin, die den Jungen nicht nur in die Bauecke schickt, der Sportlehrer, der Jungs nicht nur mit dem Konkurrenzgedanken konfrontiert, sondern auch das Gefühl des gemeinsamen Erfolges trainiert… Möglichkeiten der Beteiligung an der Entwicklung einer Rollenoffenheit gibt es zahlreiche.

Es gibt nicht wenige Erklärungen dafür, dass Jungen bislang noch so selten den Erzieherberuf in ihre ganz persönliche Auswahl bevorzugter Berufe aufnehmen. Deutlich sollte aber geworden sein, dass an vielen Stellen angesetzt werden kann und muss, um die Erhöhung der Zahl jener junger Männer zu erreichen, die sich nach der Schule für eine Ausbildung zum Erzieher bzw. ein Studium der Elementarpädagogik entscheiden und schließlich im Gruppendienst der Kindertagesstätten ankommen. Dort warten interessierte und vor allem Männern gegenüber offene Kinder auf sie. Eltern, Träger und Kitateams sind ebenso offen. Die Voraussetzungen für ein gelingendes Ankommen im Beruf scheinen für männliche Erzieher also bestens. Es ist zu hoffen, dass Männer, die den Weg in den Erzieherberuf erfolgreich gegangen sind, wiederum als Vorbild wirken können und sich männliche Präsenz in der Kita nach und nach wirklich zur Normalität im besten Sinne entwickelt.

Ebenso groß ist die Hoffnung, dass es gelingen kann, ein so wichtiges Anliegen, wie die Herstellung von Geschlechtergerechtigkeit in einem Berufsbild den vielen notwendigerweise zu beteiligenden Akteuren nahe zu bringen und Übergänge zwischen den verschiedenen Stationen, Institutionen und Einflusssphären – von der frühen Prägung in der Familie, über die Kindertagesstätte, die Grund- und weiterführende Schule bis ins Ausbildungssystem – auch für Jungen so zu gestalten, dass gemachte Erfahrungen, Infragestellungen, entwickelte eigene Werte und die begleitenden Unterstützungsangebote in allen Bereichen der Persönlichkeitsentwicklung und Lebenswegplanung zu einem ganz grundsätzlich positiven Verständnis von sozialer Arbeit als Aufgabenbereich für Männer und Frauen zusammenfinden.

In Anbetracht der vielen kleinen Schritte, die bis zur Erreichung des Ziels der angemessenen Präsenz von Männern in Kindertagesstätten zu gehen sind, ist es angezeigt, sich auf den Weg zu machen. Die weiter zu entwickelnde wissenschaftliche Forschung zur Wirkung von Männern in der Elementarpädagogik wird die Begründungsmöglichkeiten zusätzlich erweitern und hoffentlich einen Beitrag dazu leisten können, die wenigen Vorbehalte gegen männliche Erzieher im Kita-Bereich zu entkräften.

Abschlusserklärung

Hiermit erkläre ich, dass ich die vorliegende Bachelorarbeit selbstständig angefertigt habe. Es wurden nur die in der Arbeit ausdrücklich benannten Quellen und Hilfsmittel benutzt. Wörtlich oder sinngemäß übernommenes Gedankengut habe ich als solches kenntlich gemacht.

Fulda, 11. Juli 2011   gez. Mario Braun

Quellenverzeichnis:

Aigner, Josef Christian (2001): Der ferne Vater. Zur Psychoanalyse von Vatererfahrung, männlicher Entwicklung und negativem Ödipuskomplex. Gießen

AWO – Landesverband Thüringen e.V. (2011): Über 60 AWO Einrichtungen beteiligen sich am Boys Day. Pressemitteilung. Internetquelle: http://www.awothueringen.de/de/aktuell/newsanzeige/article//ueber-60-awo.html letzter Zugriff: 29.06.2011

Bereswill, Mechthild (2006): Die Bedeutung der Vater-Sohn-Beziehung für die biografischen Selbstbilder männlicher Heranwachsender. In: Bereswill, Mechthild /

Böhnisch Lothar / Funk, Heide (2002): Soziale Arbeit und Geschlecht. Theoretische und praktische Orientierungen. Weinheim und München

Boldt, Uli (2001): Ich bin froh, dass ich ein Junge bin. Materialien zur Jungenarbeit in der Schule. Hohengehren

Braun, Mario / Liedtke, Isabella / Stiebing, Marina (2009): ANSTOSS – Implementierung studienorientierender Maßnahmen in schulische Strukturen. Projektbericht 2006-2009. Ilmenau

Breitenbach, Eva (2010): Zur Bedeutung der Geschlechtszugehörigkeit für die Arbeit im Elementarbereich. In: Hagedorn, Jörg / Schurt, Verena / Steber, Corinna / Waburg, Wiebke (Hrsg.): Ethnizität, Geschlecht, Familie und Schule. Heterogenität als erziehungswissenschaftliche Herausforderung. S. 141-158. Wiesbaden

Bußhoff, Ludger (1998): Berufswahl. Theorien und ihre Bedeutung für die Praxis der Berufsberatung. Stuttgart

Cremers, Michael / Krabel, Jens / Calmbach, Marc (2010): Männliche Fachkräfte in Kindertagesstätten. Eine Studie zur Situation von Männern in Kindertagesstätten und in der Ausbildung zum Erzieher. Berlin

Deloitte & Touche GmbH Wirtschaftsprüfungsgesellschaft (2010): Auswirkungen der Wirtschaftskrise auf die Sozialwirtschaft. München – Internetquelle: http://www.pressemitteilungen-online.de/index.php/auswirkungen-der-wirtschaftskrise-auf-die-sozialwirtschaft/

Deutscher Bundestag (2011): Drucksache 17/5494. Antrag der Abgeordneten Dorothee Bär [...] und der Fraktion der CDU/CSU [...] und der Fraktion der FDP:Neue Wege für Jungen und Männer. Berlin

Dokumentationsstelle Jungenarbeit (2011): Informationen zur Jungenarbeit für PädagogInnen und Eltern. Hamburg. Internetquelle: http://jungenarbeit.info/was-ist-jungenarbeit/ letzter Zugriff: 30.06.2011

Dostal, Werner / Reinberg, Alexander (1999): IAB Kurzbericht. Aktuelle Analysen aus dem Institut für Arbeitsmarkt- und Berufsforschung der Bundesanstalt für Arbeit. Nürnberg

Driesel-Lange, Katja / Hany, Ernst (2005): Berufsorientierung am Ende des Gymnasiums: Die Qual der Wahl. Erfurt

Driesel-Lange, Katja / Hany, Ernst (2006): Berufsorientierung in der gymnasialen Mittelstufe: Wie effektiv sind einzelne Unterrichtsstunden? Erfurt

Enders, Ursula (2004): Traumatisierte Institutionen Wenn eine Einrichtung zum Tatort sexueller Ausbeutung durch einen Mitarbeiter / eine Mitarbeiterin wurde. Köln Internetquelle: www.zartbitter.de letzter Zugriff: 30.06.2011

ESF-Regiestelle (2011): MEHR Männer in Kitas. Berlin Internetquelle: http://www.esf-regiestelle.eu/mehr_maenner_in_kitas/index_ger.html letzter Zugriff: 30.06.2011

Gandor, Corinna / Langen, Reiner (2008): Quo vadis, Kita? Wie wir die Zukunft unserer Kinder retten können – Zehn Aufforderungen zum Handeln. Berlin

Grotlüschen, Anke (2010): Erneuerung der Interessetheorie. Die Genese von Interesse an Erwachsenen- und Weiterbildung. Wiesbaden

Guggenbühl, Allan (2006): Kleine Machos in der Krise. Wie Eltern und Lehrer Jungen besser verstehen. Freiburg im Breisgau

Hany, Ernst / Driesel-Lange, Katja (2006): Berufswahl als pädagogische Herausforderung. Schulische Orientierungsmaßnahmen im Urteil von Abiturienten. In: Diskurs Kindheits- und Jugendforschung Heft 4-2006, S. 517-531

Helsper, Werner / Böhme, Jeanette (Hrsg.) (2004): Handbuch der Schulforschung. Wiesbaden

Hertling, Thomas (2008): Jungen und Männer heute. Die erschwerte männliche Sozialisation in der modernen Gesellschaft und ihre Folgen. Berlin

Holland, John L. (1985): The Self-Directed-Search. Professional Manual. Odessa, Florida

Horstkemper, Marianne / Zimmermann, Peter (1998): Zwischen Dramatisierung und Individualisierung. Geschlechtstypische Sozialisation im Kindesalter. Opladen

Initiative Boys' Day (2011): Boys' Day – Jungenzukunftstag. Bielefeld Internetquelle: http://www.boys-day.de

Kahlert, Heike / Mansel, Jürgen (Hrsg.) (2007): Bildung und Berufsorientierung. Der Einfluss von Schule und informellen Kontexten auf die berufliche Identitätsentwicklung. Weinheim und München

Koordinationsstelle Männer in Kitas (2011 (a)): http://www.koordination-maennerinkitas.de/modellprojekte/ letzter Zugriff: 28.06.2011

Koordinationsstelle Männer in Kitas (2011(b)): Vernetzung - Arbeitskreise. Berlin Internetquelle: http://www.koordination-maennerinkitas.de/?id=129 letzter Zugriff: 06.07.2011

Landesarbeitsstelle Schule – Jugendhilfe Sachsen e.V. (Hrsg.) (2005): Berufs- und Studienorientierung mit Berufswahlpass. Dresden

learn-line Nordrhein-Westfälische Bildungsserver (2009): Berufswahlorientierung. Internetquelle: http://www.learn-line.nrw.de/angebote/schulberatung/schulformen/ sekzwei/theorie1. html (letzter Zugriff: 17.09.2009)

Maccoby Eleonor E. (2000): Psychologie der Geschlechter. Stuttgart

Neue Wege für Jungs (2011): Hintergrund – Warum eigentlich Neue Wege für Jungs? Internetquelle: http://www.neue-wege-fuer-jungs.de/Neue-Wege-fuer-Jungs/Projektinfos/Hintergrund letzter Zugriff: 05.07.2011

Niesel, Renate (2006). Geschlechtersensible Pädagogik - Kinder sind niemals geschlechtsneutral.In: Bertelsmann Stiftung und Institut für Frühpädagogik (Hrsg.). Wach, neugierig, klug - Kinder unter3. Ein Medienpaket für Kitas, Tagespflege und Spielgruppen. (CD-ROM). Gütersloh

Nowack, Günter (2002): Berufswahl. Theorie und Praxis bei LehrabsolventInnen. Wien

Rohrmann, Tim (2001): Wofür ein Mann gebraucht wird. In: Kindertageseinrichtungen aktuell KiTa spezial, Nr. 2/2001, S. 35-38

Rohrmann, Tim (2009): Gender in Kindertageseinrichtungen. Ein Überblick über den Forschungsstand. München

Scheiwe, Kirsten / Wolde, Anja (Hrsg.): Vaterschaft im Wandel. München, S. 155-170

Seifert, Karl Heinz u.a. (1977): Handbuch der Berufspsychologie. Göttingen

SpatzenNest e.V. (2011): Informationen zum Boys' Day. Internetquelle: http://www.spatzennester.de/spatzen30.htm#boysday letzter Zugriff: 04.07.2011 Eberbach

Super, Donald E. (1990): A lifespan approach to career development. In: Brown, Duane & Brooks, Linda (Hrsg.): Career choice and development Applying contemporary theo-ries to pactise. San Francisco

TMBWK – Thüringer Ministerium für Bildung, Wissenschaft und Kultur (Hrsg.) (2010): Thüringer Bildungsplan für Kinder bis 10 Jahre. Weimar

Tünte, Markus (2007): Männer im Erzieherberuf. Die Relevanz von Geschlecht in einer traditionellen Frauenprofession. Saarbrücken

Vanotti, Marco (2005): Die Zusammenhänge zwischen Interessenkongruenz, beruflicher Selbstwirksamkeit und verwandten Konstrukten. Empirische Annäherung verschiedener Variablen der Berufswahl- und Laufbahntheorien sowie Überprüfung derKongruenz-Hypothese von Holland. Göttingen

von Wensierski, Hans-Jürgen / Schützler, Christoph / Schütt, Sabine. (2005): Berufsorientierende Jugendbildung. Grundlagen, empirische Befunde, Konzepte. Weinheim

Weinert, Franz E. (2002): Leistungsmessung in Schulen. Bonn

Winterhoff-Spurk, Peter (2002): Organisationspsychologie. Eine Einführung. Stuttgart

Zartbitter e.V. (2010): „Kultur der Grenzachtung" - oder: Wie Institutionen sich vor Missbrauch in den eigenen Reihen schützen können! Pressemitteilung. Köln Internetquelle: http://www.zartbitter.de/content/e158/e66/e6414/KulturderGrenzachtun KURZ.pdf letzter Zugriff: 30.06.2011

Anlage

Dokumentation von online-Veröffentlichungen zum Thema „Männer in Kindertagesstätten in den Monaten Mai / Juni 2011 (Quellenangaben jeweils auf der Seite):

Kindertagesstätte „Rabennest", Erfurt	30.06.2011
meinAnzeiger.de	30.06.2011
Ärzte-Zeitung	20.06.2011
BILD-online	03.06.2011
Die Mark	09.05.2011
Eltern for Family	11.05.2011
ka-news	25.05.2011
MOZ	06.07.2011
Mecklenburg-Vorpommern online	03.06.2011
nordbayern.de	30.06.2011
Ostsee-Zeitung	03.06.2011
Reutlinger Generalanzeiger	11.05.2011
Rhein-Zeitung	17.06.2011
Stuttgarter Wochenblatt	05.05.2011
Weser-Kurier	08.05.2011
Weser-Kurier	11.06.2011